JN325109

運動が体と心の働きを高める

スポーツ保育
ガイドブック

〜文部科学省幼児期運動指針に沿って〜

静岡産業大学

『運動が体と心の働きを高めるスポーツ保育ガイドブック』の出版にあたって

静岡産業大学
学長
三枝 幸文

　静岡産業大学は、開学以来、実学中心・体験学習重視の教育を行うとともに、スポーツを全学的に奨励しています。スポーツは、忍耐力、協調性はもとより、リーダーシップやコミュニケーション能力を養う上で極めて有効なものと考えており、座学からは得ることのできない教育的効果が期待されるからです。

　それゆえ本学では、学生に対するスポーツ指導体験の場の提供と、地域の子どもたちに、本学スポーツ施設を開放することによる地域貢献を目的に、平成16年から、毎週土曜日の午前中、幼児と小学生を対象としたスポーツのキッズスクールを実施しています。現在、その登録会員数は、131名であり、週末のキャンパスには、子どもたちの元気な声が満ち溢れています。

　キッズスクールでは、地域の子どもたちに、出来るだけ多くのスポーツを体験させることが重要と考えています。幼児期から１つの運動に特化するのではなく、いろいろなスポーツ(遊び)を体験することによって、まずは体を動かすことの楽しさを体感し、その中で、子どもたちが自分に合ったスポーツを選択していけるようにしたいと考えています。

　他方、スポーツ指導者を目指す学生にとっては、子どもたちを「指導すること」の体験は極めて貴重です。「指導すること」を経験することは、「学ぶこと」の大切さを知り、「学ぶ姿勢」を身に付けることにつながるからです。

　このたび、文部科学省の「幼児期運動指針」を踏まえ、幼稚園や保育園、そしてキッズスクールのような場所で子どもたちに関わる方々が、安全で効果的な運動を指導するためのガイドブックを本学で出版することになりました。

　ガイドブックの出版に当たっては、本学の客員教授であり、文部科学省の「幼児期運動指針策定委員会」の委員長である小林寛道先生の御指導を仰ぎながら、本学のキッズスクールの企画・運営に長年関わってきた教員が、イラストの１点１点にもこだわって作り上げました。

　このガイドブックが、幼児の運動に指導者として関わっておられる多くの方々に、少しでもお役に立つことを願っております。

スポーツ保育ガイドブック
はじめの言葉

東京大学名誉教授
静岡産業大学客員教授
小林 寛道

　「スポーツ保育」というタイトルを見て、「スポーツ保育？」と感じられた方も少なくないと思います。「幼児からスポーツを教えてオリンピック選手を育てるのか？」と思われるかもしれません。実は、『スポーツ保育』という言葉は、次のようなことから生み出されました。

　「体を思いきり動かして遊ぶ」、「大きな声を出して呼びかけたり、応答したりする」、「上手くいくかどうかドキドキしながら緊張してことに臨む」、「失敗するかもしれない不安感が心を占める」、「わくわくする」、「ヤッターと成功を思いきり喜ぶ」、「失敗や負けを受け入れる」といった心の働きは、人間として成長する過程での重要な「心の刺激」となります。

　このような心の働きのいくつかは、音楽やバレエの発表会、運動会など様々な活動の場面に含まれているのですが、スポーツ活動の中には、ごく自然に含まれています。

　幼児期に大切なのは「遊び」です。しかし、「遊ばない子ども」「遊べない子ども」も増加しています。また、保護者たちの中には、安全を考慮して、子どもたちの活動を制限してしまう傾向もみられています。こうしたことは、子どもたちが元気に健やかに育つことの妨げになっているとも言えます。

　『スポーツ保育』は、「体を使った遊び」を基本に、スポーツのもつ良い面を保育に生かしていくという斬新的な考え方から生まれました。

　平成24年年3月に文部科学省から「幼児期運動指針」が発表されました。「幼児期運動指針ガイドブック～毎日、楽しく体を動かすために」や「普及用パンフレット：幼児期運動指針」が全国の保育所や幼稚園に配布されました。これは、画期的なことです。文部科学省による「青少年の体力低下問題」への取り組みの中から、幼児期から「体を動かして遊ぶ」といった運動習慣を身につけることの大切さが認識されたためです。

　「幼児期運動指針」には、幼児期の運動の意義を説き、運動の内容について例示されていますが、幼児の遊びや運動指導の実際場面では、その例示だけでは十分だと言えません。実践現場に則したガイドブックがどうしても必要です。

　本書は、文部科学省の「幼児期運動指針」の内容を解説するとともに、幼児の運動の実際指導に当たって、その方法や注意点などを実践現場に応用できるように示したガイドブックとなっています。

目次

2 ……… ごあいさつ

6 ……… 本書の使い方

第1部　概　要

幼児期になぜ運動遊びが必要なのか

8 ……… ①　幼児期運動指針の策定

9 ……… ②　幼児を取り巻く社会の現状と課題

10 ……… ③　幼児期における運動の意義

　　　　　1）神経機能に関わる運動能力や危険回避能力が向上する！

　　　　　2）生涯にわたる健康の基礎ができ、活動的な生活習慣が身につく！

　　　　　3）意欲的な心や社会適応力、有能感が育まれる！

幼児期にどのような運動遊びを行うべきか

14 ……… ①　幼児期における動きの発達と経験しておきたい運動

　　　　②　1）3歳から4歳ごろ 〜体を動かす遊びを習慣化する時期〜

　　　　　　2）4歳から5歳ごろ 〜基本的な運動が定着する時期〜

　　　　　　3）5歳から6歳ごろ

　　　　　　　〜ルールや動きを創造し、「心技体知社」の基礎ができる時期〜

19 ……… ③　幼児期における運動のポイント

第2部　実践編

- 22 ……… より良い運動遊びを実践するために
- 23 ……… スポーツアビリティとは
- 24 ……… より楽しく、よりたくさん、体を動かすために
- 26 ……… 遊びをちょっぴり効果的にする
- 28 ……… スポーツアビリティ①「身体感覚能力」を養おう
- 34 ……… スポーツアビリティ②「空間認知能力」を養おう
- 38 ……… スポーツアビリティ③「バランス能力」を養おう
- 42 ……… スポーツアビリティ④「リズム協調能力」を養おう
- 46 ……… スポーツアビリティ⑤「反応・変換能力」を養おう
- 50 ……… スポーツアビリティ⑥「連結動作能力」を養おう
- 54 ……… スポーツアビリティ⑦「用具操作能力」を養おう
- 58 ……… スポーツアビリティ⑧「意識・思考能力」を養おう

- 60 ……… 1人でできる遊び
- 64 ……… 少人数で行う遊び
- 67 ……… みんなで遊ぶ
- 71 ……… 親子で遊ぶ
- 75 ……… 室内で遊ぶ
- 78 ……… 用具がいらない遊び
- 81 ……… 身近なものを使った遊び
    - 新聞
    - タオル
    - 缶、ペットボトル
- 84 ……… 小学校体育につながる遊び
    - 上手に走るための遊び
    - 上手に投げるための遊び
    - マット運動の基礎となる遊び
    - 跳び箱につながる遊び
    - 鉄棒につながる遊び
    - 水泳につながる遊び

- 92 ……… 遊びリスト

本書の使い方

　本書では、「幼児期運動指針ガイドブック」(文部科学省)に基づき、幼児期に身につけたい8つの運動能力(スポーツアビリティー)を伸ばす遊びを紹介しています。基本となるスポーツアビリティーや状況に合わせて遊びを掲載していますが、ほとんどの遊びにいくつかの能力が関わっています。

　そこで、遊び名の後に基本となる動作(「走る」「登る」「つかむ」など)を薄いピンク、基本の能力以外に培われる運動能力(「反応・変換能力」「リズム協調能力」など)は濃いピンクで記載しています。

　また、幼児期の「身体感覚能力」は、「この遊びをすれば高まる」というよりは、いろいろな種類の遊びをすることや夢中になって遊ぶことで高まります。そのため、本書で紹介する遊びには「身体感覚能力」は表記されていません。すべての遊びが「身体感覚能力」に関わっているとご理解ください。

> それぞれの遊びにはすべて番号が付けられています。他のページで掲載されている場合は、その番号をたどると具体的な遊び方や動作、能力を知ることができます。

遊びの名前　　基本となる動作　　同時に高まる運動能力

■転がしドッジ　走る　よける　跳ぶ　転がす　＋　空間認知能力　反応・変換能力　（NO.103）

①エリアを1つ設けます。内野と外野に分かれます。円でも四角でも不規則な形でも構いません。②ボールは必ず転がし、膝から下にあたった場合はアウト、膝から上に当たった場合はセーフです。③外野はボールを転がす時、必ず線の外でボールを地面につけるようにします。④アウトかセーフかを、当たった時に明確に伝えましょう。

バリエーション　ボールの数や種類、外野の数、投げていいエリアなどを工夫して遊びましょう。

■しっぽ取り鬼ごっこ　走る　よける　＋　空間認知能力　反応・変換能力　（NO.104）

①ズボンのウエストにハチマキやタオルを挟み、しっぽにします。②オニにしっぽを捕られたらアウトです。③しっぽを捕られた子は、オニになるか、エリア外に出て待ちます。

バリエーション　しっぽの長さやオニの数を変えて遊びましょう。

> 基本の遊びをさらに簡単にしたり、難しくしたりするバリエーションを紹介しています。難しい場合は「↑」、やさしい場合は「↓」、もう少し幅を広げた遊びは「←→」として表記しています。

第1部 概要

幼児期になぜ運動遊びが必要なのか

❶ 幼児期運動指針の策定

　幼児期の運動は、興味や生活に応じた遊びの中で、幼児自らが体を動かす楽しさや心地よさを実感することが大切です。そのためには、幼児がいろいろな運動遊びを自発的に行う機会が必要です。しかし、後述するような社会の現状から、子どもが体を動かして遊ぶ空間、遊ぶ仲間、遊ぶ時間、そして保護者が遊ぶ環境を用意する手間がとても少なくなっています。今後、こうした四つの「間」を増やし、幼児が楽しく体を動かす機会を増やすためには、保護者や幼稚園、保育所などの保育者をはじめ、幼児に関わる人々が幼児期の運動をどのように捉え、どのように実施すると良いのかについて、おおむね共有していくことが大切です。

　そこで、文部科学省は平成24年3月30日に「幼児期運動指針」を発表し、約22万部の「幼児期運動指針ガイドブック」および「幼児期運動指針普及用パンフレット」を全国の約35,000の幼稚園と保育所に配布しました。この指針の策定の目的は、幼児期からの運動習慣を通して、体力・運動能力の基礎を培い、さまざまな活動への意欲や社会性、創造性を育むことです。こうした全人的な特性は、幼児期から取り組まなければ手遅れになってしまうものが多いことが最近の研究から分かりはじめています。

　幼児期の運動に関する方針を文部科学省が発表するのは初めてであり、この指針の策定・発表は極めて画期的であるといえます。この指針を活用するためには、幼稚園や保育所はもちろん保護者を中心とした家庭でのサポートが大切です。しかし、その解釈の仕方や具体的な運動方法について少なからず戸惑いがあると思われます。

　本書では、「幼児期運動指針」に基づいて、幼児期における運動の意義や内容について具体的な事例を挙げながら概説し、運動実施に関わる環境や道具が限られた保育現場ですぐに実践できるような運動遊びを紹介します。そして、幼児を取り巻く大人の皆さんが幼児期における運動の必要性を再確認し、日々の保育の中で幼児たちが体を動かす時間を増やそうとする「行動変容」につながることを願っています。

「幼児期運動指針ガイドブック」[1]
（文部科学省）

❷ 幼児を取り巻く社会の現状と課題

これまで幼児期の子どもは自然に体を動かして遊ぶものであり、大人や年上の子どもから自然に遊び方を学ぶものと考えられてきました。しかし、近年、都市化や少子化が進んだことによって、子どもが体を動かして遊ぶ空間、遊ぶ仲間、遊ぶ時間という「3間」がどんどん少なくなっています。また、交通事故や犯罪への懸念などから子どもが屋外で遊ぶ時間が減り、核家族化や共働きの家庭が増えたことから大人と子どもが一緒に遊ぶ時間や手間が減っています。

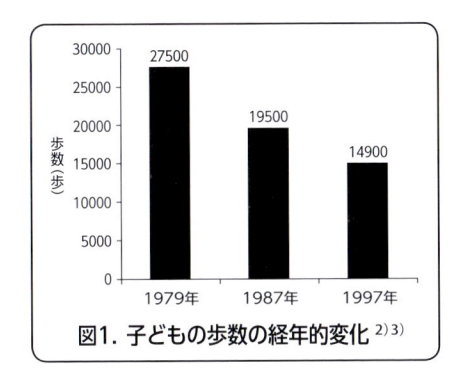

図1. 子どもの歩数の経年的変化 2)3)
- 1979年: 27500
- 1987年: 19500
- 1997年: 14900

Data 子どもの1日の歩数(運動量)は約30年前の半分程度になっている(波多野 2)、小林 3)、図1)。

Data 遊びに占める「絵本」や「テレビ・ビデオ」の割合は、10年前に比べて約2倍に増え、「ボール・すべり台などの運動遊び」は59%で変化がなかったものの、「自転車・三輪車など」は、平成2年69%、平成12年54%、平成22年43%と減っている(日本小児保健協会 1))。

このように運動量が減ったことで、幼児期においてさまざまな動きを習得できなくなったり、体力・運動能力が低下しています。

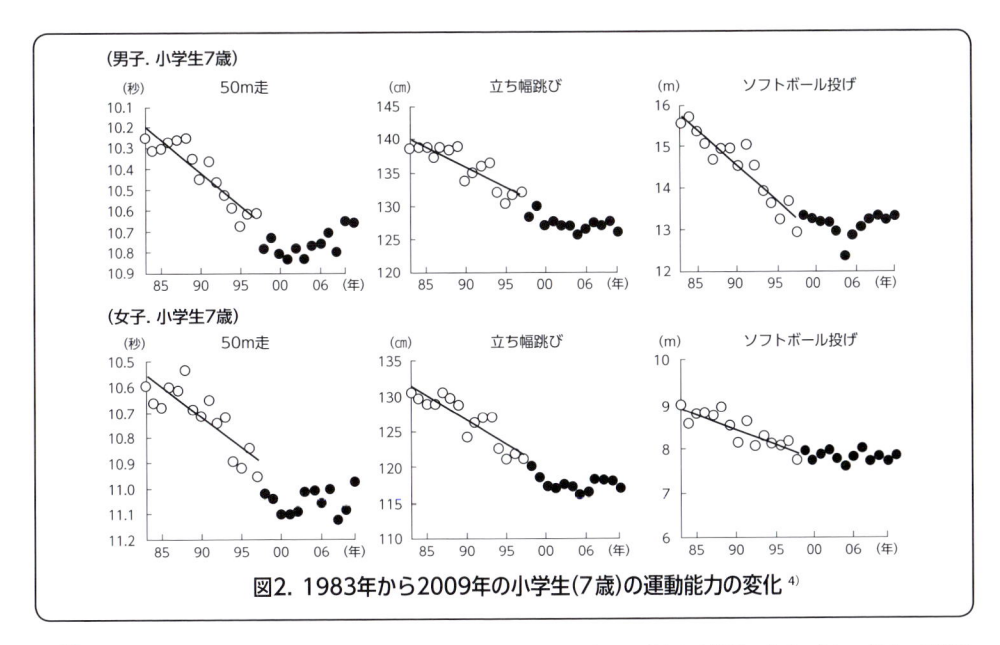

図2. 1983年から2009年の小学生(7歳)の運動能力の変化 4)

(男子. 小学生7歳) 50m走 / 立ち幅跳び / ソフトボール投げ
(女子. 小学生7歳) 50m走 / 立ち幅跳び / ソフトボール投げ

Data 子どもの体力・運動能力は、1985年から低下し続け、現在は下げ止まり状態にある。特に、体力・運動能力が7歳の時点で低下していることは、この現象が幼児期またはそれ以前に生じていることを示す(文部科学省体力・運動能力調査、図2)。

また、5歳児になっても一段ごとに足をそろえなければ階段を下りられない、座らなければ靴を履き替えられないなど、日常生活に不可欠な動きが未熟な子どもが増えています。このほ

かにも、幼児期に運動遊びが減ると、その後の児童期や青年期での運動やスポーツに親しむ姿勢が身につかないだけでなく、意欲や気力が低くなったり、コミュニケーションをうまくできないなど、子どもの心の発達にも重大な負の影響を及ぼします。

❸ 幼児期における運動の意義

幼児が遊びを中心とする運動を自分から行うことは、多様な動きを身につけるだけでなく、生涯にわたって健康を維持したり、何事にも積極的に取り組む意欲を育んだりするなど、豊かな人生を送るための基礎づくりとなります。そして、以下のようなさまざまな効果が期待できます。

❸—1）神経機能に関わる運動能力や危険回避能力が向上する！

神経機能の発育は幼児期に著しく、10歳頃までに大人の9割程度まで発育するといわれています（図3）。そのため、幼児期は素早く動く敏捷性、力の加減をコントロールする運動調整能力、ボールや他者を把握するなどの認識能力といった神経系の能力が顕著に向上する時期です。

したがって、幼児期はより多くの種類の動きを身につけるだけでなく、児童期以降の運動能力の土台をつくる最も重要な時期であると言えます。また、神経系の能力が高まることは、転倒した際にとっさに手を出して体を支えたり、周りの状況を見て予測をしながら行動するなどの危険回避能力を高めることにもなります。

Data Scammonは、身体諸器官の発育パターンを4種類に分け、20歳を100としたときの各年齢の値を百分率で示した。神経組織は出生後に急激に発育し、10歳頃には20歳の9割程度になる

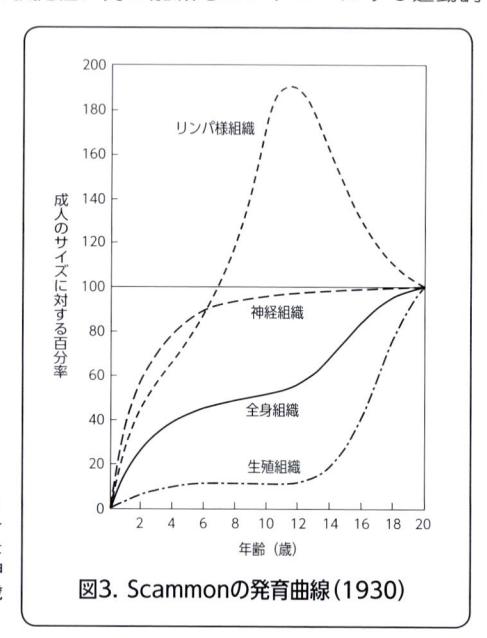

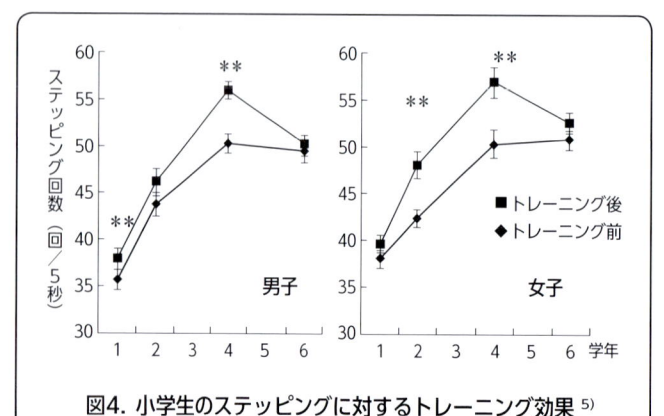

図3. Scammonの発育曲線（1930）

図4. 小学生のステッピングに対するトレーニング効果[5]

Data 小学1、2、4、6年生が10秒間のステッピングトレーニングを1日2回、週3回、6週間続けると、小学1、2、4年生はステッピング回数が増えるのに、小学6年生はその回数は増えない（加賀と小西[5]、図4）。

| コラム　スポーツは「遊び」!?

　「sport」の語源はラテン語の「デポルターレ deportare」。この語は、「気晴らし、楽しむ、遊ぶ」を意味しています。「deportare」は、14世紀のヨーロッパで「disport」となり、16世紀には「sport」となりました。「sport」の意味は、16世紀に「娯楽」や「休養」などとして使用され、18世紀には「賭博」や「見世物」、19世紀には「野外での競技的なゲームや運動」としても使用されるようになりました。現在、オックスフォード英語辞書では、「sport」の意味を、「よろこび、娯楽、冗談、賭けをする」などと示しています。
　日本では、かつての富国強兵の理念から「体育」や「運動」が「鍛錬」として扱われ、「しごき」や「忍耐」が重要視される時期がありましたが、近年、スポーツはようやく「遊び」という本来の意味が広まり、「楽しくなければスポーツじゃない」と言われるようになってきました。

❸─2) 生涯にわたる健康の基礎ができ、活動的な生活習慣が身につく！

　幼児期に適切な運動をすると、丈夫な心身を育みやすくなり、運動習慣が身につきます。そして、生涯にわたる活動的な生活習慣につながっていきます。また、積極的に体を動かして遊ぶことにより、お腹が空いておいしく夕食をとることができ、適度に疲労することで早い時間に寝て十分な睡眠をとることができます。そして、早い時間に起きて、時間に余裕を持って朝食をとることができ、午前中から活発な生活を送ることができます。このように幼児期の運動習慣は、望ましい生活習慣を身につけるキッカケとなり、生涯にわたる健康の基礎につながります。

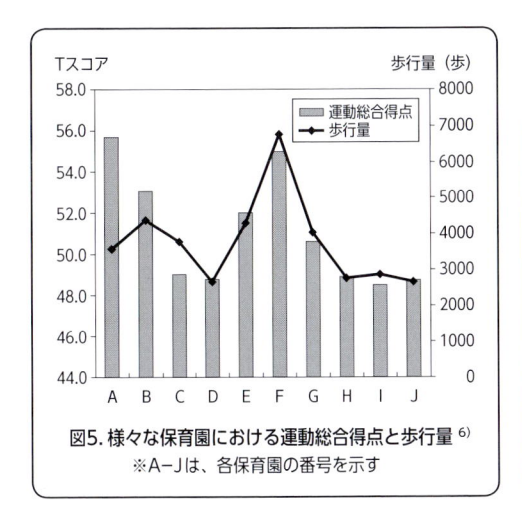

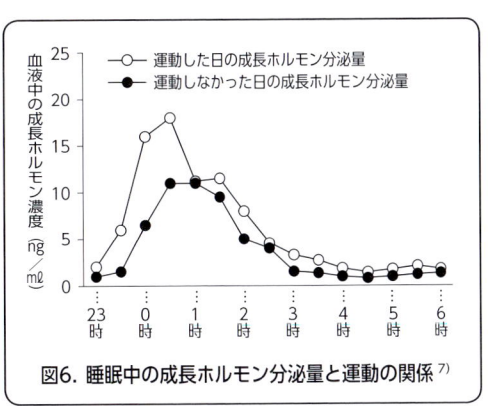

図5. 様々な保育園における運動総合得点と歩行量[6]
※A-Jは、各保育園の番号を示す

図6. 睡眠中の成長ホルモン分泌量と運動の関係[7]

Data 1日の歩行量の多い保育園ほど、走・跳・投の体力総合得点が高い（宮口ら[6]、図5）

Data 子どもの睡眠中における成長ホルモンの分泌量は、運動を行った日の方が運動を行わなかった日に比べて、明らかに多い（Adamsonら[7]、図6）。

　一方、運動不足が原因の一つとして考えられる子どもの身体的問題として、肥満や骨折、喘息などが幼児期をはじめとする子ども全般に増えています。

幼児期に運動習慣を身につけることは、こうした幼児期の健康問題を防ぐだけでなく、成人後に生活習慣病になる危険性が低くなり、生涯にわたって健康的な生活を送ることにつながります。

　最近、朝から「だるい」「眠い」「もう動けない」などと身体的な不調を訴える子どもが増えており（表1）、これらは運動不足と密接に関係しているといわれています。力いっぱい体を動かして遊んだり、続けて体を動かして遊んだりすることは、精神的な疲労感を残さない効果があると言われています。

【週4回サッカーを実施する男子（10歳）】
身長:141.4cm、体重33.4kg、体脂肪率:14.7%
骨格筋の横断面積:上腕部 14.6cm²、大腿部66.1cm²

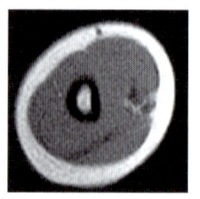

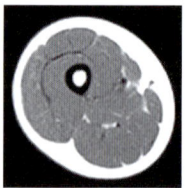

上腕部　　大腿部

【運動習慣のない肥満男子（10歳）】
身長:140.2cm、体重43.7kg、体脂肪率:41.1%
骨格筋の横断面積:上腕部 10.7cm²、大腿部54.0cm²

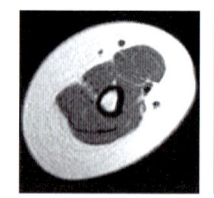

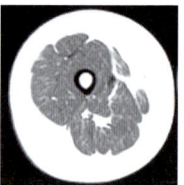

上腕部　　大腿部

図7. 運動習慣の有無と筋肉量の関係 [8]

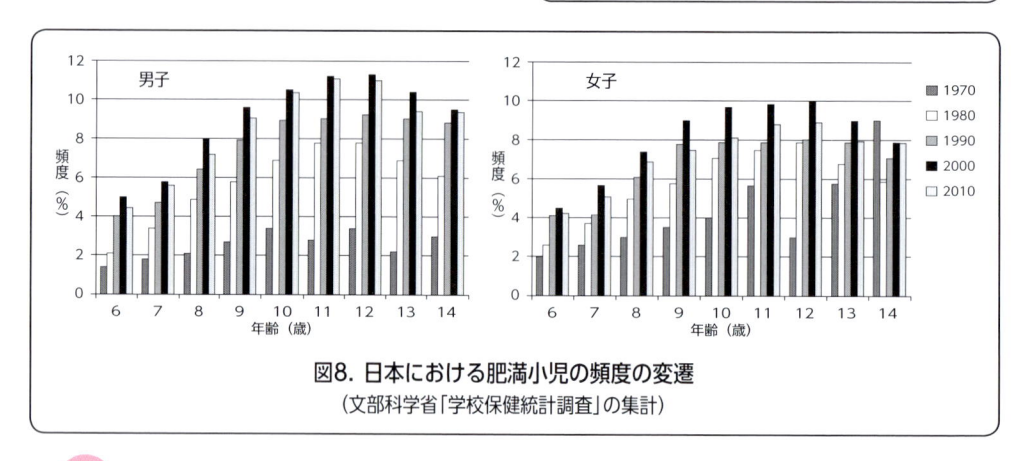

> **Data**　週4回サッカーをする標準体重の男児と運動習慣のない肥満男児の間では、年齢や身長は同じでも、上腕部と大腿部の筋肉面積(筋肉量)が、運動習慣をもつ男児の方が明らかに多い（小栗ら[8]、図7）

図8. 日本における肥満小児の頻度の変遷
（文部科学省「学校保健統計調査」の集計）

> **Data**　肥満傾向児の出現頻度は、1970年代から増加しはじめ、2000年代には約3倍になってきている（文部科学省の学校保健統計調査、図8）。

表1. 子どもの有病率の比較 [10]

※数字はすべて割合（%）

年齢	時期	だるい	眠れない	胃もたれ胸やけ	動悸	肩こり
0〜4歳	1988	2.9	0.9	0.2	0.2	0.3
	2008	7.5	2.7	0.9	0.4	0.3
5〜14歳	1988	7.0	1.1	0.9	0.5	1.8
	2008	15.3	3.0	1.6	0.6	5.9

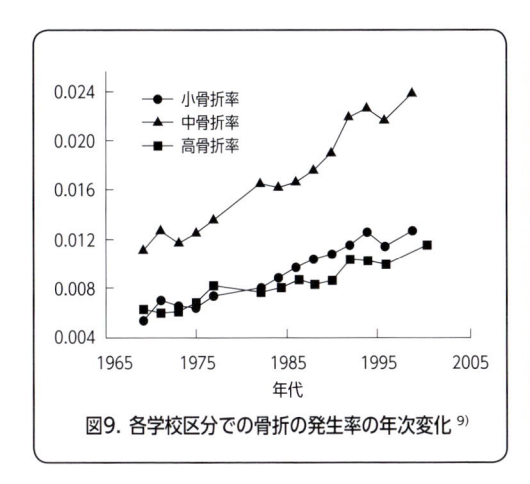

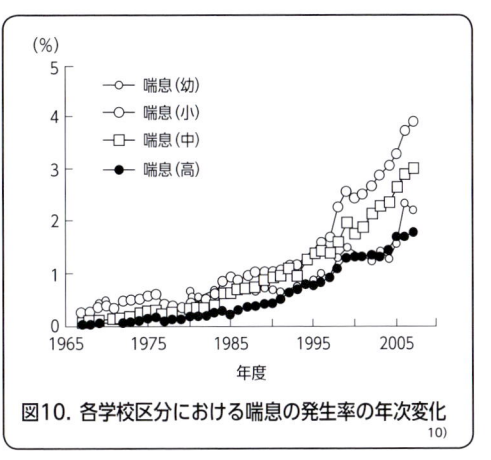

図9. 各学校区分での骨折の発生率の年次変化 9)

図10. 各学校区分における喘息の発生率の年次変化 10)

Data 小学生から高校生までの骨折の発生率（発生数／学校保険加入者数）は、1980年代中盤までは微増だったが、1990年代から明らかに増加し始めた（日本スポーツ振興センター「学校の管理下での災害に関する報告書」、図9）。

Data 小学生から高校生までの喘息の罹患率（罹患数／児童数）は、1995年までは1%未満で微増であったが、それ以降では小・中学校において3～4%にまで急増した（文部科学省の学校保健調査統計報告書、図10）。

コラム　子どもの遊び場は室内より屋外 !?

　体を動かすのであれば室内でも屋外でも同じでしょうか。骨は、骨を壊す細胞と骨を作る細胞によって常に作り直され、約3年間で入れ替わります。特に子どもの時期は、骨を作る細胞を活発に働かせ、骨をどんどん発育させて丈夫にしたいものです。骨を作る細胞を活発にするのは、主に運動刺激、成長ホルモン、ビタミンDです。つまり、骨に刺激を与えるための運動、成長ホルモンをたくさん分泌するための睡眠、そしてカルシウムの吸収を手助けするビタミンDが不可欠なのです。ビタミンDを多くするのは実は紫外線です。近年、紫外線は老化や悪性腫瘍の原因になることから悪者扱いをされますが、屋外で紫外線を皮膚に浴びることでビタミンDが作られ、カルシウムの吸収率が高くなるのです。やはり子どもは風の子、屋外で遊ぶのがより良いのですね。

❸—3）意欲的な心や社会適応力、有能感が育まれる！

　内閣府の調査によると、「自分に自信がありますか？」という質問に対して、「当てはまる」や「どちらかというと当てはまる」と答えた小学生は11.6%と35.8%、中学生は5.6%と23.4%であり、現代の日本の子どもの有能感はあまり高くなく、年齢が上がるにつれて低くなるようです（内閣府「低年齢少年の生活と意識に関する調査」2007年）。また、「孤独」を感じている日本の子どもの割合は約30%であり、カナダ（7.6%）やフランス（6.4%）、イギリス（5.4%）など経済協力開発機構（OECD）加盟24カ国の中で最も多いようです（ユニセフ・イノチェンティ研究所「先進国における子どもの幸せ」2007年）。

　運動やスポーツでは成功体験を数多く経験することができるため、幼少年期における運動遊びの経験が「自分はできる」という有能感を育むことにつながります。また、多くの友だちと群れて運動遊びをすることで、ルールを守る、自己を抑制する、コミュニケーションを取り合いながら協調するなどの社会性を養うことができます。このように友だちに囲まれ、運動有能感が高まると、運動が好きになって活発にスポーツを続けるようになったり、何事にも意欲的に取り組めるようになります。この具体例として、運動・スポーツと知的能力が強い関係にあ

ることが報告されています。

　日本学術会議（2011）は、こうしたさまざまな調査・研究の結果を踏まえて「すばやい方向転換などの敏捷な身のこなしや状況判断・作戦などの思考判断を要する全身運動は、脳の運動制御機能や知的機能の発達促進に有効であると考えられる」と指摘しています。これらの報告だけで"運動すれば勉強ができるようになる"と断言することは難しいのですが、遊びや運動・スポーツが知的機能を高める可能性がうかがえます。

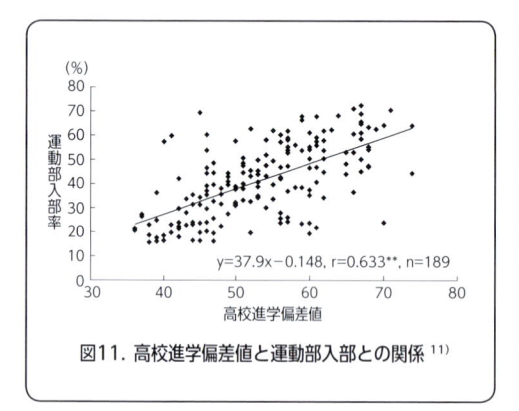

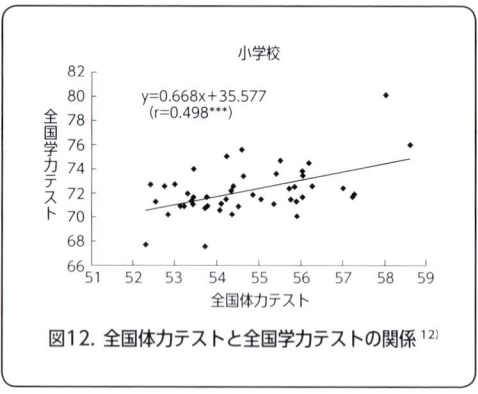

図11. 高校進学偏差値と運動部入部との関係[11]

図12. 全国体力テストと全国学力テストの関係[12]

Data ある県の高等学校進学偏差値が高校運動部入部率と強い相関関係がある（海老原[11] 図11）。

Data 47都道府県を対象とした全国体力テストと全国学力テストは強い相関関係がある（海老原[12] 図12）。

コラム　子どもはコミュニケーションがないと死んじゃう!?

　戦後すぐのアメリカにおいて、両親のいない幼児を育てる養護施設で育った赤ちゃん91人の追跡研究が行われました。施設では最も重要な栄養と清潔な環境が十分に与えられましたが、その37%、3人に1人以上が2歳になるまでに亡くなってしまいました（Spitz[13]）。彼らに不足したのはコミュニケーションでした。幼児に対する話しかけはほとんど行われず、ほとんど一人ぼっちでした。

　心を分かち合う交流がなければ、人は生きていくことができないのでしょうか。子どもたちにコミュニケーションの場を与えてくれるスポーツを通して、子どもが保育者や保護者、友だちと心を分かち合えるようにしたいですね。

幼児期にどのような運動遊びを行うべきか

❶ 幼児期における動きの発達と経験しておきたい運動

　幼児期は、生涯にわたって必要な基本的な動きを幅広く身につけるとても大切な時期です。その際にポイントになるのは「動きの多様化」と「動きの洗練化」です。

　「動きの多様化」とは、年齢とととともにより多くの動きを身につけることです。幼児期に身につけたい基本的な動きは、右頁のとおりです。「動きの洗練化」とは、年齢とともに無駄な動きや過剰な動きが減って、動きが滑らかになり、目的に合った動きができるようになることです。ここでは、年齢別に「動きの洗練化」の特性を捉えながら、それぞれの発達時期に経験しておきたい動きを示します。

バランスを必要とする動き

立つ　座る　寝転ぶ　起きる

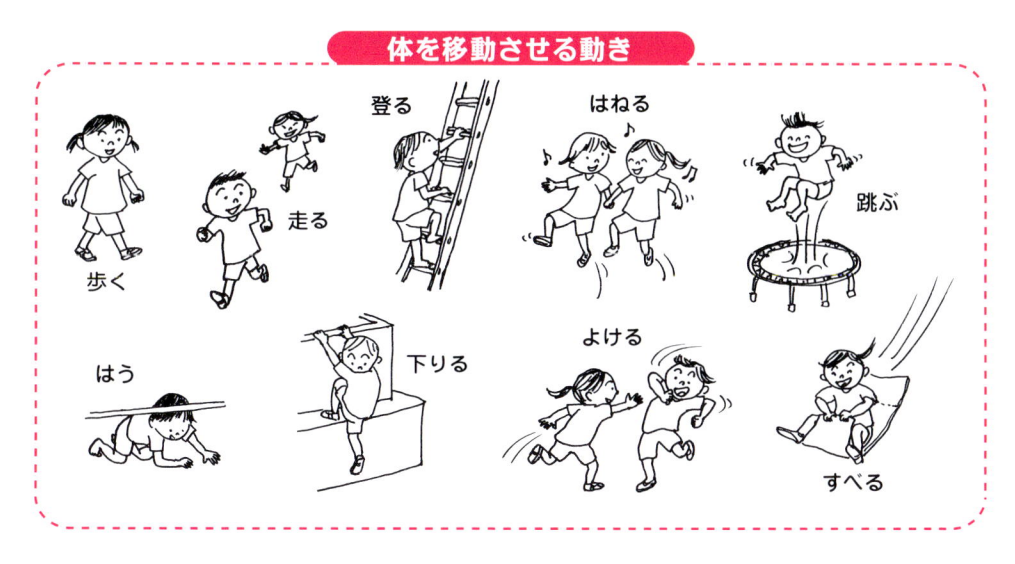

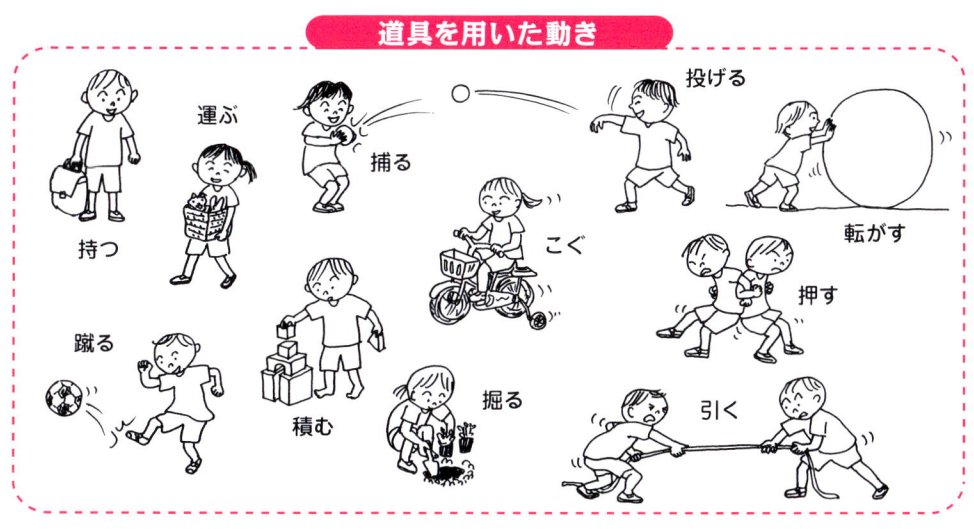

回る　転がる　渡る　ぶら下がる

体を移動させる動き

歩く　走る　登る　はねる　跳ぶ

はう　下りる　よける　すべる

道具を用いた動き

持つ　運ぶ　捕る　投げる　転がす

蹴る　積む　こぐ　掘る　押す　引く

❷─1）3歳から4歳ごろ 〜 体を動かす遊びを習慣化する時期 〜

　基本的な動きが未熟な段階から、同じ動きを何度も繰り返すうちに少しずつ動き方が上手にできるようになります。特に幼稚園や保育園、家庭での生活に慣れながら、未熟ながらも基本的な運動が一通りできるようになります。したがって、この時期の幼児はいろいろな動きを経験し、自分から進んで何度も繰り返すことに面白さを感じ、体を動かす遊びが習慣となることが大切になります。

> 例
> 屋外での滑り台、ブランコ、鉄棒などの固定遊具、室内での巧技台やマットなどの遊具を使って全身を使って遊ぶと良いです。そして、立つ、座る、寝転ぶ、起きる、回る、転がる、渡る、ぶら下がるなどの「体のバランスをとる動き」や、歩く、走る、はねる、跳ぶ、登る、下りる、這う、よける、すべるなどの「体を移動する動き」を経験しておきましょう。

❷─2）4歳から5歳ごろ ～ 基本的な運動が定着する時期 ～

　それまでに経験した基本的な動きが定着しはじめます。遊び方を工夫しながら友だちと一緒に運動したり、自分たちでルールや決まりを作ったり、大人が行う「かっこいい」と思う動きを真似するようになります。また、全身のバランスをとる能力が高くなり、用具を使って操作するような動きが上手にできるようになります。

> **例**
> なわとびやボール遊びなど体全体でリズムをとったり、用具を上手く操作したりコントロールする動きの中で、持つ、運ぶ、投げる、捕る、転がす、蹴る、積む、こぐ、掘る、押す、引くなどの動きを経験しておくといいでしょう。

❷—3）5歳から6歳ごろ ～ルールや動きを創造し、「心技体知社」の基盤ができる時期～

　無駄な動きや力みなどの過剰な動きが少なくなり、全身運動が滑らかで上手になっていきます。友だちと同じイメージや目的をもって集団で行動したり、ルールや動きを創造したり、友だちと力を合わせたり役割を分担したりして遊ぶようになります。そして、その後の人生に役立つ「心技体知社」（知＝知性、社＝社会性）の基盤ができ上がってきます。

> **例** ボールをつきながら走るなど基本的な動きを組み合わせた動きを行いながら、「体のバランスをとる動き」「体を移動する動き」「用具などを操作する動き」をより滑らかにできるようになります。また、これまでより複雑な動きの遊びやルールを変えた鬼遊びなどを経験しておきましょう。

❸ 幼児期における運動のポイント

　幼児期運動指針は、スポーツ選手になるためのトレーニングのような運動を推奨しているわけではなく、生涯にわたって体を動かすことを好きになれるように働き掛けることを目指しています。この指針の最大のポイントとしては、下記のように運動内容を具体的に示したところにあります。

> **幼児は、さまざまな遊びを中心に、
> 毎日、合計 60 分以上、楽しく体を動かす**

POINT 1　多様な動きが経験できるようにさまざまな遊びを取り入れる！

　前述したように幼児期は神経系が急速に発達することから、いろいろな運動刺激を与えることで神経回路が複雑に張り巡らされることが大切です。したがって、幼児期は一つの運動種目だけにこだわりをもつのではなく、一つでも多くの動きを行って、より複雑な神経回路を張り巡らせるべきなのです。また、この時期にいろいろな動きを身につけることは、普段の生活で必要な動きをはじめ、とっさの時に身を守る動きや将来的な高い運動能力の土台につながっていきます。

　幼児期で多様な運動が必要な一例として、子どものときに自転車に乗ったことのない人が大人になってから乗ろうとしてもなかなか乗れないことは、大人になってから新しい動きの感覚を身につけることがいかに難しいかを物語っています。また近年、体操、水泳、サッカーなどの習い事が盛んになっていますが、特定の運動だけを行うことは、いろいろな動きが身につき難く、特定の部位にばかり負担がかかることになってケガを起こしやすくなります。

POINT 2　楽しく体を動かす時間を確保する！

　いろいろな動きを身につけるためには、ある程度の時間を確保することが必要です。ただし、「たくさん体を動かしましょう」というだけでは曖昧で実行しづらくなります。そこで、幼児にも実現可能でわかりやすい目安として「60 分以上」という基準が示されました。この基準の根拠となった文部科学省の調査では、外遊びの時間が多い幼児ほど体力が高い傾向にある中で、4 割を超える幼児は外遊びをする時間が 1 日 60 分未満でした。また、世界保健機関をはじめとして多くの国々では、幼児を含む子どもの健康的な発達のために「毎日、合計 60 分以上の中強度から高強度の身体活動」を推奨しています（図 13）。

　「合計」という言葉がついているのは、60 分間の運動教室を推奨しているのではなく、家庭や幼稚園、保育園での散歩や手伝いなどを含めた合計時間が毎日 60 分以上になることを示しています。

　また幼児期の運動で注意したいのは、子どもが自発的に体を動かす遊びを行えるように配慮することです。子どもたちは、平日は幼稚園や保育所で仲間と体を動かして遊ぶことができますが、問題はお休みの土・日曜日です。文部科学省の調査によると、幼稚園や保育所での運動量に大きな個人差はありませんでしたが、休日の運動量に大きな個人差がありました。

幼稚園や保育所に登園しない日、天候や季節、環境の制限によって屋内で過ごす日などには、散歩や手伝いなど幼児が自発的に楽しく身体を動かせるよう保育者や保護者が工夫することが望まれます。そして、運動遊びが楽しく、幼児が自らいろいろな動きを求めるようになれば、遊びもさらに広がって続き、一層、いろいろな動きが身につくようになります。

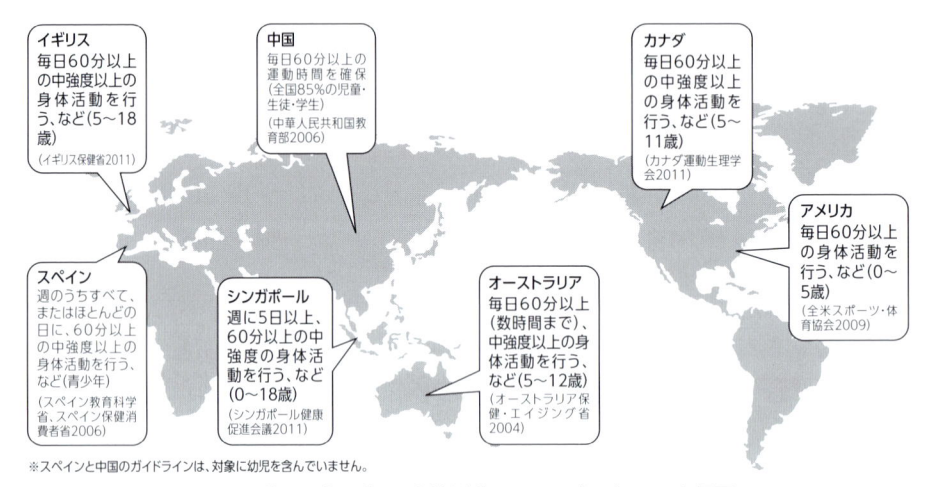

イギリス
毎日60分以上の中強度以上の身体活動を行う、など（5〜18歳）
（イギリス保健省2011）

中国
毎日60分以上の運動時間を確保（全国85%の児童・生徒・学生）
（中華人民共和国教育部2006）

カナダ
毎日60分以上の中強度以上の身体活動を行う、など（5〜11歳）
（カナダ運動生理学会2011）

アメリカ
毎日60分以上の身体活動を行う、など（0〜5歳）
（全米スポーツ・体育協会2009）

スペイン
週のうちすべて、またはほとんどの日に、60分以上の中強度以上の身体活動を行う、など（青少年）
（スペイン教育科学省、スペイン保健消費者省2006）

シンガポール
週に5日以上、60分以上の中強度の身体活動を行う、など（0〜18歳）
（シンガポール健康促進会議2011）

オーストラリア
毎日60分以上（数時間まで）、中強度以上の身体活動を行う、など（5〜12歳）
（オーストラリア保健・エイジング省2004）

※スペインと中国のガイドラインは、対象に幼児を含んでいません。

図13　世界の「子どもの身体活動におけるガイドライン」概要

POINT 3　発達の特性に応じた遊びを提供する！

　幼児に体を動かす遊びを提供するときには、前述2-1) から2-3) で示した発達の特性に応じて行うことが大切です。幼児は、その時にもっている身体能力をいっぱい使って動こうとします。発達に合った運動遊びを行うことによって、心身の発達がさらに促され、自然にいろいろな動きが身につき、運動有能感を育むことにつながります。

　また、幼児期の発達は同じ年齢であっても個人差が大きいので、一人一人の発達に応じた配慮も大切です。それぞれの幼児の興味や関心、意欲など運動を行う過程を大切にしながら、幼児に急いで結果を求めるのではなく、小学生以降の運動や生涯にわたってスポーツを楽しむための基盤を育成することが大切です。

参考文献

1) 文部科学省幼児期運動指針策定委員会（2012）幼児期運動指針ガイドブック〜毎日、楽しく体を動かすために〜、平成24年3月30日発行
2) 波多野義郎（1979）：ヒトは1日何歩あるくか、体育の科学29、28-31.
3) 小林博隆、秋葉裕幸、小澤治夫（2008）：生活活動の運動量、子どもと発育発達6、81-86.
4) 伊藤静夫、森丘保典、青野博（2011）：子どもの運動能力の年代比較、体育の科学61、164-170.
5) 加賀谷淳子、小西由里子（1986）：小学1年生と6年生の敏捷性トレーニングの効果、日本体育協会スポーツ科学研究報告、25-35.
6) 宮口和義、出村慎一、春日晃章（2008）：幼児の生活習慣と基礎運動能力との関係、教育医学54、149-157.
7) Adamson L, Hunter WM, Ogunremi OO, Oswald I, Percy-Robb IW. (1974): Growth hormone increase during sleep after daytime exercise. J Endocrinol 62, 473-478.
8) 小栗和雄（2013）：小児における肥満とメタボリックシンドロームの脅威、静岡産業大学論集「環境と経営」18（2）、135-152
9) 鳥居俊（2004）：子どもの骨折は増加しているか - 過去30年間の学校の管理下の災害基本統計から -、子どもと発育発達2、202-205.
10) 鳥居俊（2008）：現代の子どもの病気とけが、子どもと発育発達6、71-75.
11) 海老原修（2008）：子どもの身体活動に必要なスペース、体育の科学58、610-616.
12) 海老原修（2011）：社会学からみた子どもの知力と社会性、子どもと発育発達9、89-93.
13) Spitz, R.A. (1951). The Psychogenic Diseases in Infancy—An Attempt at their Etiologic Classification. Psychoanalytic Study of the Child, 6, 255-275.

第2部 実践編

より良い運動遊びを実践するために

　子どもにとって運動遊びを良いものとするために、少しずつで構いませんので以下のようなことを取り入れていきましょう。左枠（A）の方が取り組みやすいと思います。慣れてきたら右枠（B）も工夫してできるといいですね。

(A) 毎日60分以上 楽しく体を動かす

* 大人も一緒に動こう
* 小道具づくりを一緒にやろう
* 細切れ時間、移動時間を有効に使おう
* こまめに声かけをしよう
* 楽しい遊びを覚えよう
* 家庭と園、地域で遊ぼう
* 15時〜17時ごろにしっかり遊ぼう

詳細は24ページへ

(B) 遊びをちょっぴり 効果的にしてみる

* スポーツアビリティを高める基本の動きを実践する
* スポーツアビリティのバランスをとって遊ぶ
* 高めたいスポーツアビリティに応じた遊びの工夫をする
* 技術習得に役立つ遊びを取り入れる
* 上手になるような声かけや補助を行う

● スポーツアビリティについては右ページを参照

詳細は26ページへ

できそうなことから始めましょう

　スポーツというと、勝ち負けを競うものと思う人もいるかもしれません。確かに競争はスポーツの面白さの一つです。しかし、スポーツの面白さはそれだけではなく、協力する楽しさ、チャレンジする面白さ、成功した喜び、失敗した時のおかしさなど、さまざまな面白さを持っています。

　特に幼児期、児童期には、体を動かすことへの欲求が強くなります。これらの面白さをうまく使って子どもたちの健全な発意発達を促すことを目指すのがスポーツ保育です。つまり、スポーツの特性を用いて、子どもたちの今と未来の健康と笑顔を作ることがスポーツ保育と言えます。

体を動かす楽しさ ＋ スポーツの楽しさ（チャレンジ・成功・失敗・競争・協力）

スポーツアビリティとは

幼児期に高めたい ❽ つのスポーツセンス

❶身体感覚能力：幅広く深い運動感覚を持ち、新たな運動感覚を鋭敏に得る能力
❷空間認知能力：自分の周囲の状況とその変化を理解する能力
❸バランス能力：バランスをコントロールする能力
❹リズム協調能力：リズムや友だちに合わせて動く能力
❺反応・変換能力：素早く反応し、滑らかに動きを変換する能力
❻連結動作能力：同時に二つ以上の動きを行う能力
❼用具操作能力：バットやボールなどの道具を巧みにコントロールする能力
❽意識・思考能力：物事を論理的、直感的に考え、身体感覚や心理状況を意識する能力

※詳細は、P28〜P59を参照

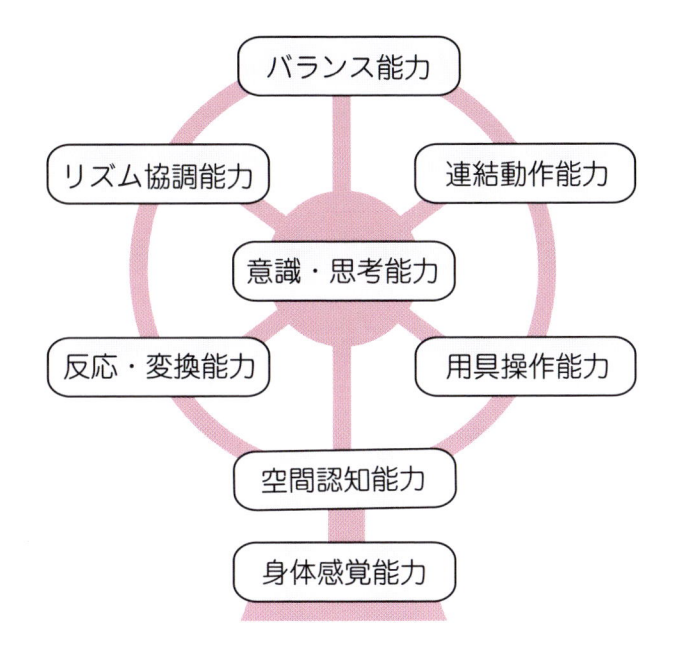

```
          バランス能力
リズム協調能力      連結動作能力
          意識・思考能力
反応・変換能力      用具操作能力
          空間認知能力
          身体感覚能力
```

> 「この遊びはバランス能力」「あの遊びはリズム協調能力」というように遊びとスポーツアビリティの関係は1対1ではありません。ほとんどの遊びにほぼすべての能力が関係していて、その関係の深さが強いか弱いかということです。同じ遊びが複数のスポーツアビリティのページに書かれていることもありますが、どちらにも良い遊びなんだと理解してください。
> 　ただし、たくさんのスポーツアビリティが含まれている遊びが「良い遊び」ということではありません。複数のスポーツアビリティを含んだ遊びは、遊ばせ方や子どもの能力によって向上するアビリティが異なることがあります。

より楽しく、よりたくさん、体を動かすために

体を使って遊ぶ時間をなるべく多く確保する。

●大人も一緒に動こう

大人や年上の子どもたちと一緒に遊ぶと、子どもたちの運動量は大きく増えます。私たち大人もなるべく遊びに参加するようにしましょう。全部に参加することが無理なら、遊びはじめはしっかり参加し、その後は適度に休みながら、という方法でも構いません。子どもの遊びのアイデアをうまく使いながら遊べるとなお良いですね。小学生になったら、工夫して一人遊びをする時間も少しずつ作っていきましょう。

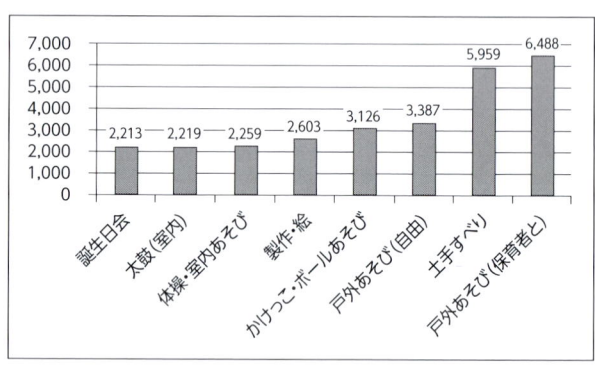

午前中の活動別にみた幼児の歩数（5歳男児）
（前橋明「いま、子どもの心とからだが危ない」、大学教育出版、pp33-37、2004）

誕生日会	2,213
太鼓（室内）	2,219
体操・室内あそび	2,259
製作・絵	2,603
かけっこ・ボールあそび	3,126
戸外あそび（自由）	3,387
土手すべり	5,959
戸外あそび（保育者と）	6,488

●小道具づくりを一緒にやろう

身近にあるものを使って簡単な小道具作りを本格的な運動の合間に入れると、体を休ませながらも手先の器用さなども鍛えることができ、用具操作能力を高めることにつながります。自分で作った道具を使って遊ぶことによって、子どもたちがより楽しむことにもなるでしょう。例えば、新聞で紙鉄砲（No.67）を作ったり、釣り竿などを作ってみてはどうでしょうか。

●細切れの時間、移動時間を有効活用しよう

日常の移動を遊びにしたり、わざと遠回りしたり、有効に時間を使いましょう。慣れないうちはどういう時に、どういうことをするのか、あらかじめ決めておくとよいでしょう。例えば散歩中、周りの景色を見ながら「アレは何」「コレは何」など、いろいろなものを確認しながら歩くと、空間認知能力を養うことにもつながります。また、家の中であれば、布団を敷いたついでに一緒にゴロゴロしたり、喜ぶときにはジャンプしてハイタッチする、一緒にお掃除や家事するなど、できることはたくさんあります。

●こまめに声かけをしよう

子どもたちの行動をつぶさに観察し、こまめに声をかけましょう。無理に褒める必

よくあるNGワード

違う！
そうじゃない！
こうでしょ！
何度言ったらわかるの！
言われたとおりにやりなさい！

※どうしても使わなければならない時は確かにありますが、このような言葉はなるべく避けるようにしましょう。

要はありません。見たままの事実を言うだけで構いません。「右に外れちゃったね」「黄色に当たったね」などでいいのです。見られているという意識だけで、子どもたちは安心して運動を楽しむことができます。

　上手にできた時は見逃さず、前回より上手になったことを伝えましょう。失敗もちゃんと見てあげましょう。成功しても、失敗しても、一緒に感情を共有しながら、声をかけます。子どもは失敗しても、楽しそうな様子を見せることがあります。一緒に楽しそうに残念がってみましょう。

● **楽しい遊びを覚えよう**

　遊びの数そのものを増やすのもいいですし、遊びを楽しくする工夫を覚えるのもいいでしょう。引き出しを多くすることも大切です。ぜひ、このテキストを参考に遊びをたくさん覚えてください。もちろん大人が一緒に楽しそうに遊ぶ、というのも遊びを楽しくする方法の一つです。

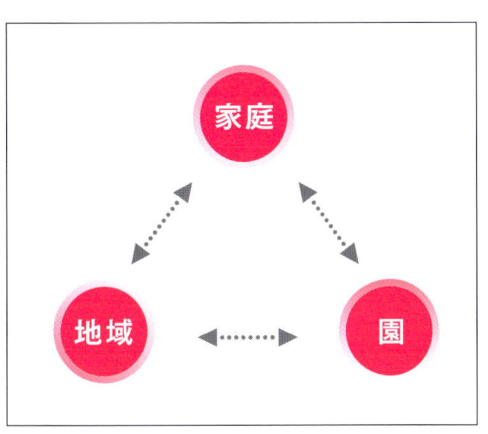

● **家庭と園、地域で遊ぼう**

　家庭だけ、保育園・幼稚園だけでは、毎日運動の時間を確保することができません。また、家庭には家庭の、園には園の、地域スポーツには地域スポーツの特徴があります。

　家庭では大好きなご両親をほぼ独り占めにして、遠慮することなく遊ぶことができ、内気な子どもでも大胆なチャレンジや発想が出ることもあります。園ではさまざまな趣向を持つお友だちと一緒に協力し合ったり、時にはぶつかり合いながら遊ぶことができ、社会性の獲得にも良い影響を与えます。

　地域スポーツでは、同じような趣向を持つお友だちと一緒に切磋琢磨しながら体を動かすことができます。家庭、園、地域それぞれに良いところがあり、うまくバランスを取れることが理想です。地域スポーツへの参加は別にしても、家庭と園の双方が運動の有効性を認識して、それぞれの特性を生かして運動を行う環境が作れるといいでしょう。

● **15時〜17時ころにしっかり遊ぼう**

　一番体温が上がっている15〜17時の時間帯に、しっかり遊ばせたいものです。この時間帯にしっかり遊ばせると、夕飯も早い時間に食べることができ、夜も早くからしっかり寝ることができるので、生活のリズムを作るのにも良いと言われています。

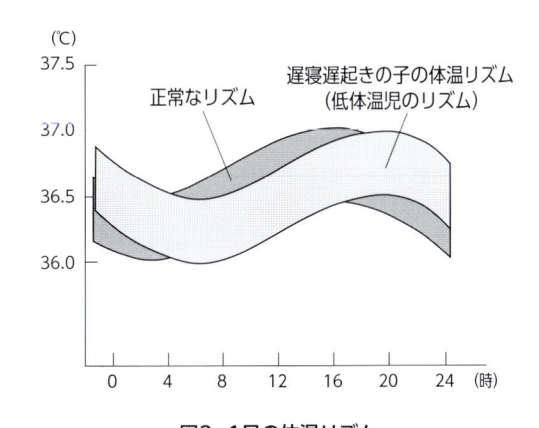

図2. 1日の体温リズム
（前橋明「今、子どもの心とからだが危ない」大学教育出版、2004）

遊びをちょっぴり効果的にする

❶スポーツアビリティを高めるための5つ基本

いろいろな動き、体験にチャレンジ！

　走ったり、跳んだり、回ったり、滑ったり…とさまざまな動き、体験にチャレンジしてみましょう。子どもはやった分だけどんどん運動感覚を獲得していきます。子どもが自分で行う動作はもちろんですが、親や大人の補助によってできる動きも運動感覚を得る上でとても大切です。

左右のバランスをとる

　得意な右手 (左手) ばかり、右足 (左足) ばかりを使うのではなく、反対の手や足も使うようにしましょう。比率は7対3〜8対2ぐらいが目安です。それと同様に、右回りと左回り、前と後ろなどのバランスも意識しましょう。例えば、三角コーンを回る方向をいつも同じにしないで、反対からも回るようにします。

ゆっくり、速くなどの変化をつける

　一生懸命全力で行うことはとても大事なことです。しかし、それと同じように動きをコントロールすることも大事なことです。わざとゆっくり走ったり、忍者のように足音をさせないように走ったりと変化をつけるようにしましょう。その他にも強く、弱くなどいろいろな変化をつけましょう。変化の種類については、「スポーツアビリティ①身体感覚能力」（P28）が参考になります。

複合的な動きを取り入れる

　一つ一つの動作は単純で簡単でも、それらを同時に行うには、複雑な脳の制御が必要となり、行うのが難しいものです。ピアノで右手と左手のメロディーを片手では弾けても、両手を合わせて弾くのはなかなか難しい。簡単に組み合わせられると思えるものから、いろいろ組み合わせてみましょう。歌を歌いながらでもいいでしょう。

10〜15分を一区切りとする

　幼児の集中力は、あまり長く持ちません。10〜15分を一区切りとして、内容を変えて気分転換を図ったり、休憩を取ったりしましょう。集中が10分も持たないようであれば、今のその子にとって内容が合っていないのかもしれません。難易度を変えてみたり、他の遊びを考えてみたりしましょう。もう少し年齢が高くなると、今までできなかった遊びが楽しくできるようになることもあります。

❷スポーツアビリティの６つの能力をバランスよく行う

　スポーツアビリティは８つありますが、そのうち「身体感覚能力」と「意識・思考能力」の２つを除く６つの能力をバランスよく行うようにしましょう。例えば、リズム協調能力を高めるような遊びばかりで、空間認知能力を高める遊びが全く欠けていた、とならないよう注意してください。

　一日の中でというよりも、１週間〜１カ月くらいの期間でバランスを取るようにしましょう。厳密に同じ運動量にしなければならないということではありません。足りないと感じたら、「近いうちにやってみよう」と取り組めればいいのです。気楽にやりましょう。

❸スポーツアビリティの目的に応じた工夫をする

　例えばなわとびは、リズム協調能力にも連結動作能力にも関わる遊びです。どちらを高める目的で行うのかを頭に置きながらできれば成功の第一歩です。その上でさらに高めたい能力（例えばリズム協調能力）にあった工夫が、ほんの少しでもできればとてもいい効果につながります。少し難易度の高い工夫ですが、余裕があればチャレンジしてみてください。NPO法人幼少年スポーツ健康育成研究会が認定する資格「スポーツ保育リーダー®」の養成講習会などで学ぶのも方法の一つです。

❹技術習得に役立つ遊びを効果的に組み立てる

　最初に運動嫌いになる要因として「小学校の体育で鉄棒や跳び箱などができなくて」という話はよく耳にします。幼児の頃から、鉄棒や跳び箱そのものが上手にできる必要はありませんが、小学校で行う運動に慣れておくことは、運動嫌いを防ぐために必要なことかもしれません。

　しかし、専門的な知識や道具がなければなかなか難しいものです。でも安心してください。それらを習得するために必要な動きを遊びとして取り入れていければ、それだけでとても役立ちます。鉄棒や跳び箱など、小学校でつまずきやすい技術につながるような動きを知り、遊びに取り入れてみましょう。（P84参照）

❺上手になる声かけや補助を行う

　遊んでいる中で、少しずつでも上達できるように、声かけや補助をしてあげましょう。初めは楽しく運動していても、全く上達しないと、運動の楽しさが半減したり、楽しくなくなったりすることがあります。反対に上達すれば、楽しさも増し、子どもたちは積極的に運動に参加するようになります。ただし、補助をし過ぎると、長期的に見てかえって上達の邪魔になることもありますので、やり過ぎには注意しましょう。補助のやり方は講習会などに参加し、実践的に学ぶのが良いでしょう。

スポーツアビリティ❶「身体感覚能力」を養おう

身体感覚能力とは

　スポーツアビリティとは身体を巧みにコントロールするための能力であり、このスポーツアビリティの土台となるのが身体感覚能力と言えます。

　身体感覚能力は「多様な身体感覚」と「深い身体感覚」の2つの側面があります。それぞれを高めるために身体感覚の「多様化」と「深化」、2つの方向を考える必要があります。

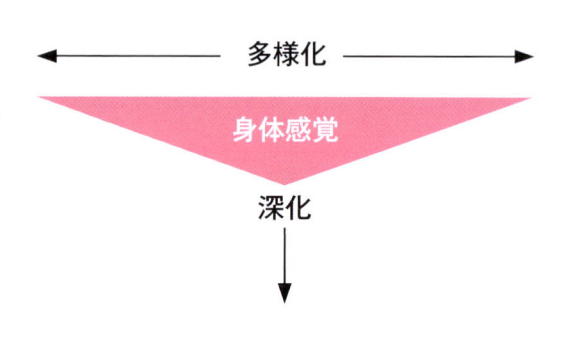

幼児期の身体感覚能力を養成するためには

1. さまざまな運動を経験し、たくさんの運動感覚を集める（多様化）

2. 一生懸命遊び込んだり、1ステップ難しい技にチャレンジする（深化）

3. 身体感覚への意識付けをすること（深化の強化）

身体感覚の多様化を優先しよう

　幼児期には、将来必要な身体感覚の素材をなるべく多く集めるという意味で「多様化優先」を心がけるのが良いと言えます。多様な運動の身体感覚を得ることは将来の運動学習を効果的にします。身体感覚に「良い」「悪い」はありません。実際の動きと感覚の結び付きをたくさん学ぶことが大切ですので、さまざまな運動の感覚を得られるようになるべくたくさんのタイプの遊びを経験するようにしましょう。

身体感覚の深化を図ろう

　身体運動中には、いろいろな筋肉や関節が同時にしかも複雑に動きます。身体感覚の深化とは、その時筋肉が発揮している力や足の裏にかかる力、指先にかかる力など、たくさんの感覚をより多く、より正確に把握できるようになることです。身体感覚が深化するためには、運動の繰り返しが重要です。繰り返すことによって、だんだんその動きに関する感覚が深くなっていきます。鬼ごっこなどの遊びを繰り返すうちに「走る」という感覚が深くなっていったり、前回りを繰り返し練習していく中で感覚が深くなり、前回りがよりきれいにできるようになったりします。

　幼児期においては、さまざまな運動を楽しく経験していく中で、自分が楽しいと思える遊びを一生懸命遊び込んだり、ちょっと難しい動きに楽しくチャレンジして、1段階難しい動きが

できるようにしたり、という程度で構いません。さまざまな運動を1ステップずつ深めて、多様な深化経験をしていきましょう。1つの動きやスポーツの動きをとことん極めていくというような「早すぎる専門化(固定化)」はおすすめできません。深化が狭く固定化されてしまう可能性があります。なお、難しい動きへのチャレンジは、集団遊びよりも一人や少人数でできる遊びが向いています。

意識・思考能力との連携で深化力を強化 (スポーツアビリティ⑧ P58 参照)

同じ動作を繰り返せば、身体感覚は少しずつ深化していくものです。しかし、スポーツアビリティ⑧の「意識・思考能力」と連携することにより、ただやみくもに動きを繰り返すよりも、得られる身体感覚はさらに深いものになります。幼児期にはどれだけ深化したかということよりも、身体感覚への意識付けを行い、深化力を高めることを意識しましょう。

身体感覚の多様化のために幼児期に経験したい動作と感覚

A

立つ、立ち上がる、座る、しゃがむ、起き上がる、歩く、走る、這う、止まる、跳ぶ、着地する、投げる、捕る、つく、打つ、蹴る、転がる、滑る、浮く、沈む、泳ぐ、持つ、つかむ、運ぶ、手で支える、ぶら下がる、登る、押す、引く、渡る、よける、掘る、息を吐く、息を吸う、息をこらえる、見る

↕ AとBをいろいろ組み合わせてみましょう

B

素早く、ゆっくり	強く、弱く	高く、低く	近く、遠く	広く、狭く
大きく、小さく	右、左	片手、両手	片足、両足	リズムを変えて
ふにゃふにゃして	ガチガチに	流れるように	静かに	バランス良く

その他にもたくさん考えられます。いろいろ考えてみましょう。

身体感覚を高める

★うさぎとかめ 　立つ　座る　ゆっくり　素早く　＋　反応・変換応力　（No.1）

先生が「うさぎ」と言ったら、素早く立ったり座ったりします。「かめ」言ったら、ゆっくり立ったり座ったりします。先生も子どもたちの仲間に入って、「うさぎ」の時は先生より速く、「かめ」の時は先生よりゆっくり動いてみましょう。

★忍者とお相撲さん 跳ぶ 着地する ＋ 反応・変換能力 （NO.2）

「うさぎとかめ」の変化版です。「忍者」と言われたら、その場でジャンプしてそっと着地します。「お相撲さん」と言われたら、同じようにその場でジャンプして「どん！」と勢いよく着地します。ジャンプ中に声をかけるようにすると、「反応・変換能力」が高まります。

★風船を膨らませる
息を吐く 息を吸う 姿勢づくり 胸郭や肺の発達 ＋ バランス能力 （NO.3）

風船を膨らませる動きは、呼吸感覚を意識することに役立ちます。また、息を吐く力、吸う力を鍛えることで、姿勢づくりや健康にも良い影響を及ぼします。

★パイナップルジャンケン 走る 跳ぶ ＋ 連結動作能力 （NO.4）

①ジャンケンをして、勝った手に応じた歩数分だけ進みます。②「グー」なら「グリコ」で3歩。「チョキ」なら「チョコレイト」で5歩。「パー」なら「パイナップル」で6歩進みます。③一番早くゴールに着いた人が勝ちとなります。

バリエーション 言葉を換えてもいいですし、負けた方の手で歩数が決まるようにしてもいいですね。子どもたちは、自然に少しでも遠くへ跳ぼうと一生懸命になります。

★いろいろロケロコ＜表現ウオーク＞
這う 歩く 走る 跳ぶ 腕で支える ＋ バランス能力 意識・思考能力 （NO.5）

さまざまな状況（ロケーション）を想定し、いろいろな方法で移動運動（ロコモーション）をします。
＊熱い鉄板の上を想像して素早く走り抜ける
＊忍者のようにそーっと走る
＊赤ちゃんのようにハイハイで
＊足が埋まってしまう泥の中を想像して歩く
＊ロボットのように膝を伸ばして歩く
＊お尻で歩いてみる（P84）
＊背中歩き（P84）
＊いろいろな動物の動きを真似て
　（4本足、両脚跳び）
＊足指しゃくとり虫（P41）
＊お父さん、お母さんの歩き方
＊感情を歩き方で表現してみる
＊手押し車

★起き上がってごあいさつ 起き上がる ＋ 反応・変換能力 （NO.6）

一般にいう腹筋運動のような形です。①一人が膝を曲げて仰向けに寝たら、もう一人が足首を押さえます。②足を押さえている人が「朝ですよ〜」と言ったら、寝ている人が起き上がって「おはよう！」と言います。朝、昼、夜の時間がわかるような言葉で「おはよう」「こんにちは」

「こんばんは」と間違えずにあいさつをしましょう。③「おやすみ」と言ったら、「おやすみ〜」と返して寝たふりをします。
バリエーション あいさつではなく、クイズやたし算、動物の名前を言ったら鳴き声で返すなど、いろいろ工夫してみましょう。

★親子エレベーター `ぶら下がる` `つかむ` ⇒ 鉄棒につながる遊び （NO.7）
親の腕につかまってぶら下がります。親はエレベーターのように子どもを上下に動かします。
バリエーション↓ 自分で腕をつかんでぶら下がるのが難しい場合には、親が子どもの手首などを持ってあげましょう。あまり激しく上下動させると、肩を痛めたり、「揺さぶられ症候群」になることもありますから、注意してください。

★ぶら下がりジャンケン
`ぶら下がる` ＋ `連結動作能力`
⇒ 鉄棒につながる遊び （NO.8）
横に並んで鉄棒にぶら下がり、足でジャンケンしてみましょう。「パー」は足を開き、「グー」は足を閉じます。「チョキ」は足を前後に開きます。

★登り棒、登りばしご、網を登る
`登る` `つかむ` ＋ `バランス感覚` `連結動作能力` ⇒ 鉄棒につながる遊び （NO.9）
縄などでできたブラブラするはしごや網を使うと、バランス感覚も養われます。

★水中モグラたたき
`沈む` `息を吸う` `息をこらえる` `水中で見る` ＋ `空間認知能力` `反応・変換能力`
`リズム協調能力` ⇒ 泳ぎにつながる遊び （NO.10）
プールでモグラたたきをします。足が十分届く少し深めのプールがいいでしょう。①大人がたたき役（オニ）になります。②オニの周り（手が届く範囲）で子が水中に潜ります。③子が顔を上げた時にオニに頭を触られたら負けです。④子はプールサイドの壁に手をかけて顔をつけ、オニはプールサイドから頭を触ってもいいでしょう。
注意点 続けて長時間行わないようにしましょう。

★ぶくぶくパッ `息を吸う` `息をこらえる` `息を吐く` （NO.11）
水の中に鼻まで入れ、鼻からぶくぶくぶく〜と息を吐き、水面に顔を出して「パッ！」と言

います。「パッ！」と言うときに、口の前の水を遠くに飛ばすように意識します。

★ どっちが重いかな
重量弁別感覚（重さ感覚） ＋ 用具操作能力　意識・思考能力　（NO.12）

両手でいろいろなモノを持って、どちらが重いか当ててみましょう。その後にわざわざ計測して確かめなくても、どちらが重いかを考えるだけでも構いません。ケーキを切り分けた時、目をつぶって重いと思う方を選ぶなど、普段ふとした時にやってみてもいいでしょう。

1. 身体感覚能力を身に付けるための運動は無限にあります。
2. いろいろなタイプの運動をさまざまな方法で経験しましょう。

コラム　やじろべえはバランスが良いか悪いか

ビルや建物を地震から守るための方法として、昔の主流は耐震でした。がっちり作って壊れないようにするという考え方です。最近は免震という言葉をよく聞きます。地震の揺れを逃がし、揺れが直接建物に伝わらないようにしようという考え方です。現在はこの耐震と免震の両方が大切だと言われています。

バランス能力も同じように考えられるのではないでしょうか。耐震のようにバランスが崩れないようにする能力と、やじろべえのように受けた衝撃を柳に風と受け流し、フラフラしながらも大きく崩れた姿勢を戻していく能力です。そのような視点でバランス能力を見ることも大事かもしれません。

コラム　スポーツアビリティと安全性

運動能力は日常生活を安全・快適に送るためにも必要です。例えば空間認知能力は、横断歩道を渡るときなどに、車がどれくらいの距離からどれくらいのスピードで来ているのかを正しく認識する力ですし、歩道を歩いたり自転車で走ったりしているときには、どの位置をどう動けば安全かを理解する力でもあります。もちろん大人になったときには、安全に車を運転するためにも必要です。

また、反応・変換能力は転倒時にとっさに手を出したり、受身行動を取ったり、ぶつかりそうになったときに瞬時によけたり逃げたりするのにも必要な能力です。

専門的トレーニングはしてはいけないのか

「幼児期・児童期には遊びが大切です。さまざまな遊びをいっぱいしましょう」と言うと、「小さい頃からちゃんとしたトレーニングをしないと勝てない。つらいトレーニングもしなければならない」と言われることがあります。確かにそうです。え？矛盾してる？いいえ、していません。

"ちゃんとしたトレーニング"というのは、幼児期・児童期にさまざまなタイプの運動を行うことなのです。だから小さい頃に「サッカー選手になる」「新体操の選手になりたい！」と決めるのは全く問題ありません。問題なのはサッカー選手になるのだから、サッカーをしていればよいという安易な指導、トレーニングなのです。サッカー選手になるために必要なさまざまな運動をすべきです。それらの多くは遊び的なやり方で十分、というか遊び的なやり方のほうが効果的に行えるのです。

子どもが本当に"上手になりたい！"と思っているときには"しんどいトレーニング"というのはあっても"楽しくない"、"やりたくない"トレーニングというのは存在しないのです。子どもは大人から見ればつらそうなトレーニングもやりたくてやっているのです。もし、楽しくない、やらされていると子どもたちが感じているとすれば、それは大人の価値観や都合によって誘導されているのかもしれません。

なので遊び的なものではなく、トレーニング的なものを子どもがやりたがれば、それを邪魔する必要はありません。ともすれば私たちは大人から見た「遊び」という価値観を押しつけようとしてしまいます。何が楽しいか、何がしたいかは子どもにしかわかりません。ただ、体を壊したりケガをしたりしそうなものにはブレーキをかけましょう。

❗ やってみよう

P29で紹介した「身体感覚の多様化のために幼児期に経験したい動作と感覚」の A と B を組み合わせて、どんな遊びになるかを考えてみましょう。このように組み合わせを考えることで1つの遊びにどんな動作が含まれるのかを理解することができます。

例） A <u>立つ</u> ＋ B <u>素早く</u> ＝ 遊び名 <u>うさぎとかめ</u>

- A ＿＿＿＿＿ ＋ B ＿＿＿＿＿ ＝ ＿＿＿＿＿
- A ＿＿＿＿＿ ＋ B ＿＿＿＿＿ ＝ ＿＿＿＿＿
- A ＿＿＿＿＿ ＋ B ＿＿＿＿＿ ＝ ＿＿＿＿＿
- A ＿＿＿＿＿ ＋ B ＿＿＿＿＿ ＝ ＿＿＿＿＿
- A ＿＿＿＿＿ ＋ B ＿＿＿＿＿ ＝ ＿＿＿＿＿

スポーツアビリティ❷ 「空間認知能力」を養おう

空間認知能力とは

　自分の周りの状況がどうなっているか認知(理解)し、どのように変化するかを予測する力です。空間認知能力には以下のように、「認知の質」「認知量」「認知エリアの広さ」「状況変化の予測」の4つの側面があります。

認知の質とは

　対象(人や物、ボールや線)を素早く、正確に認知することができるかを「認知の質」と呼んでいます。では、何を正確に認知すればいいのでしょうか。それは、敵か味方かなどの「種別」、どれくらいの「距離」関係にあるのか、移動の「方向」と「距離」、対象者の「目線」などが挙げられます。幼少の頃にはまだ種別の判断も難しく、パスをしてみたら敵だった！ということも少なくありません。鬼ごっこなどを行ってもエリアの線の認知が甘く、すぐに線を越えてしまったりします。

　認知の質が向上すると、対象の変化予測も向上します。認知の質が低い頃は、転がってくるボールを上から押さえることも難しいのですが、認知の質の向上によってボールの速さなどが認知できるようになると、上手にボールの位置を予測してボールを押さえることができるようになります。

空間認知能力を養うためには

1. 人や物を追いかけたり、逃げたり、探したりする遊びをする 　(鬼ごっこ、ボールキャッチ)

2. 狙う的やゴール、エリア制限がある遊びをする 　(玉入れ、輪投げ、振り子当て)

3. 認知する対象の数や種類・位置、エリアの広さなどを変化させる 　(ゴールの位置、オニの数)

スポーツとの関係

　空間認知能力は、チームスポーツとの関わりが深いと言えます。バスケットボールやサッカーで壁パス(2人で走りながらパスをすること)を行ったり、空いているスペースに位置取りをしたりする能力の基礎となります。

もちろん個人の技にも関係があります。バスケットボールのシュートなどは距離感が必要となってきますし、跳び箱を跳ぶときも踏み切る距離が大事になります。

★ボールキャッチ (手で押さえる、腕の間を通す、フープなどの間を通す)
 捕る つかむ 投げる ＋ リズム協調能力 反応・変換能力 （NO.13）
　ボールをキャッチする前に、手で押さえたり、腕の間やフープの輪を通したりという動作を行うと良いでしょう。自分に向かってくるボールをキャッチするは意外と難しいものです。なるべく垂直にバウンドさせるとボールを捕りやすくなります。
転がす → ツーバウンド → ワンバウンド → ノーバウンド → ワンバウンドで下からくるボール、の順に難しくなります。
 バリエーション↑ ２つの色違いのボールを使い、色によって動作を変えてみます。
例）赤はボールをキャッチ、青は腕にボールを通す。

★ネズミさんのお引っ越し 走る よける とまる ＋ 反応・変換能力 （NO.14）
　ネズミはネコに捕まらないように、反対側のお家に引っ越す遊びです。まず、大人がネコ役になりましょう。ネコ役は複数いるといいでしょう。
 バリエーション↑ ネコとネズミのグループに大きく分け、さらにそれぞれのグループで赤と青に分けます。赤色のネコは赤のネズミ、青色のネコは青のネズミを捕まえるルールにしても面白いですね。セーフティゾーンや障害物を工夫して置いてみましょう。

★子つなぎオニ 走る よける 予測する ＋ 反応・変換能力 （NO.15）
　子が何人かで手をつないで行う鬼ごっこです。①逃げる子を決め、それ以外の子は２～３人組を作って、それぞれ手をつなぎます。②オニは手をつないでいない子を追いかけます。③逃げている子は、オニの手をかいくぐって近くのグループの端の子と手をつなぎます。④つないだ子はオニに捕まることはありませんが、つながれたグループの反対端の子は手を離して逃げなければなりません。
※基本的にすぐ隣りのグループと手をつないではいけません。オニと逃げる子は複数にすることもできます。

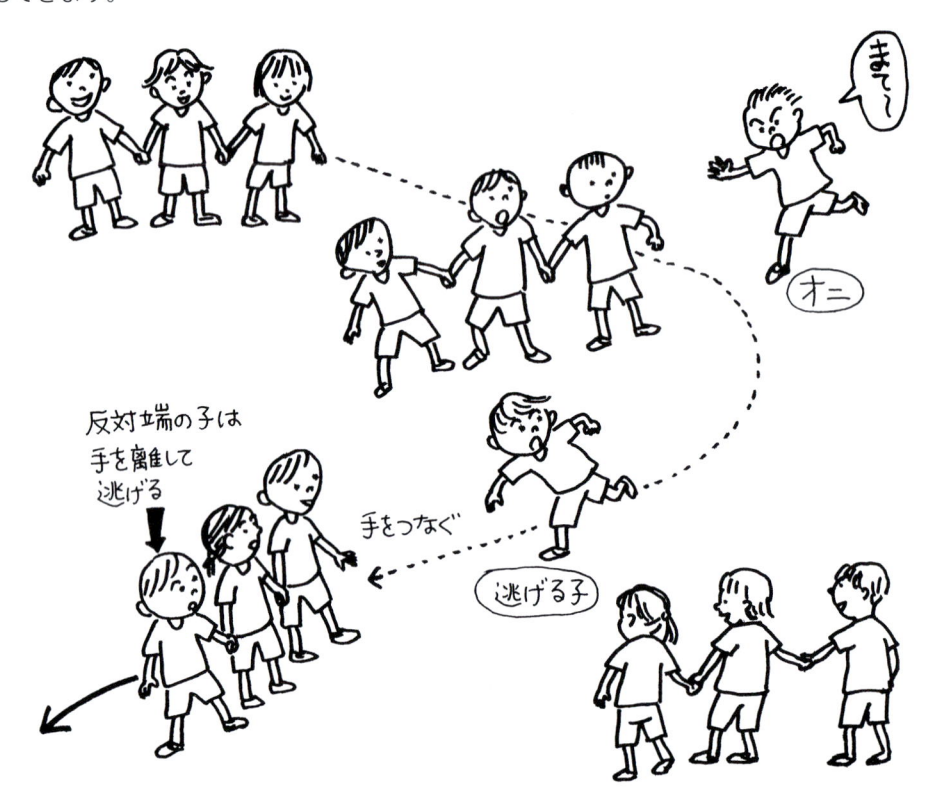

★影踏み 走る ＋ 反応・変換能力 （NO.16）
　影踏みは影の方向を意識しながら逃げたり、追いかけたりしなければなりません。より空間認知能力を高めることができます。影が見えなくなる建物の影などをセーフティゾーンとしてもいいでしょう。

★振り子当て 投げる ＋ リズム協調能力 用具操作能力 （NO.17）
　ヒモでぶら下げられたボールや物を揺らし、それを狙ってボールを当てます。投げ方は、下投げから始めてみましょう。
バリエーション↑　慣れてきたらいろいろな投げ方にチャレンジしてみましょう。的の大きさや揺れ幅、揺れの速さをいろいろ変えて遊びましょう。揺れの速さはヒモの長さによって、調節します。ヒモを長くすると、ゆっくり揺れます。揺れの方向を奥と手前にしたり、ゴムを使って上下にすることもできます。

★てのひらラケット `打つ` ＋ `リズム協調能力` `用具操作能力` （NO.18）

　丸めたタオルや柔らかいボールを使い、手のひらをラケット代わりにして、ボールを打ちます。まずはバウンドさせたボールを打ってみましょう。ラケットを使うより、打つ感覚が得られやすいと言われています。詳しいやり方はワンバンリフティング（P62）を参照してください。

★玉入れ
`投げる` `跳ぶ` `拾う` `すくう` ＋ `上下方向の空間認知能力` `用具操作能力` （NO.19）

　上下方向への空間認知能力を高めるためにはとても良い遊びです。いろいろな高さ、いろいろなボールを使ってみましょう。プールでもできます。（P68「水入れ」参照）

★大縄 `走る` `止まる` `跳ぶ` ＋ `リズム協調能力` `反応・変換能力` （NO.20）

　通常は縄を追いかけるように入ります。慣れてきたら反対からも入ってみましょう。最初は自分のタイミングで入り、自分のタイミングで出ます。慣れてきたら、1回跳んだら出るなどタイミングを決めます。

　`バリエーション↑` さらに慣れてきたら、みんなで順番に「連続して入って・一回跳んで・出る」といった動作を何回できるかチャレンジしてみましょう。

そのほか空間認知能力を養うおすすめの遊び

いろオニ（No.138）やムカデオニ（No.101）・しっぽ取り鬼ごっこ（No.103）など鬼ごっこ的な遊び、サッカー遊びなどチームスポーツ的な遊び、ワンバンリフティング（No.88・93）や風船リフティング（No.87）などボールを捕ったり打ったりする遊び、釣り遊び（No.72）、フルーツバスケット、イス取りゲーム、新聞ジャンプ（No.86）、転がしドッジ（No.102）、水中モグラたたき（No.10）など

コラム　かくれんぼのススメ

　「かくれんぼ」はとても良い遊びです。身体感覚の発達していない子は、自分から見えなければ相手も見えないだろうと感じるようです。だから本人は隠れているつもりでも、頭やお尻が丸見えだったり、カーテンにくるまって隠れていても足が丸見えだったり。入れると思ったスペースに入れなかったり。それを「かくれんぼ」という遊びを通して、自分の頭やお尻、体はこれくらいのサイズだろうと身体感覚を得ていくのです。自分の視点から相手の視点へと想像を広げるのです。そして、相手が見る方向などを考えて、ここなら見えないだろうと隠れるのです。空間認知能力を養うにはもってこいですね。

　誰かが「かくれんぼは愛にあふれた遊びだ」と言っていました。オニは、子を見つけてあげるのだと。確かに、子どもはなかなか見つけてもらえないと、わざと声を出したり、音を立てたりして、見つけてもらおうとします。最後には見つけてもらいたいという気持ちがあるのでしょうね。能力も高めて、見つかる・見つからないスリルを味わえて。それが愛のある遊び「かくれんぼ」なのです。

スポーツアビリティ❸「バランス能力」を養おう

バランス能力とは

　バランスをコントロールする能力のことです。「バランスが崩れたことに素早く気づき、バランスを元に戻す動作を行う」「大きく崩れた姿勢でもバランスを戻したり、保つことができる」「自分のバランスを巧みに崩し、素早く移動するための姿勢を作る」などです。つまり、バランスの取れた状態とアンバランスな状態を自在に行ったり来たりできる能力と言えます。幼児は大人が思う以上にバランスが取れません。じっと真っすぐ立っているだけでもフラフラしたりしてしまいます。

　幼児期にはいろいろなバランスを経験することが大切です。一つの動きで、ある程度バランスが取れるようになるのも大事ですが、どんどん多様なバランス遊びに挑戦していきましょう。

バランス能力を養うためには

> 1. バランスを取る遊びで、アンバランスな状態をたくさん経験する

> 2. 回る、転がる、逆さになる、浮く、泳ぐ、滑る　遊び

> 3. バランスの基礎となる動きや感覚を学ぶ遊び

■ **バランスを取る遊び**（いろいろなバランスを経験しましょう）・・・・・・・・・・・・・・・・・・・・・・・・

★タイヤ渡りジャンケン、あっち向いてほい　渡る　跳ぶ　またぐ　（NO.21）

　校庭などに設置されているタイヤの遊具を渡りながら、反対側から進んでくる相手と出くわしたところでジャンケン、「あっち向いてほい」をします。負けた方は最初の位置からやり直します。途中でタイヤから落ちても最初に戻ってやり直します。

バリエーション　丸太や平均台、体育館のラインなどでもできます。

★片脚ポージング 立つ ＋ 反応・変換能力 （NO.22）
　片脚で立ちながら「おばけ」「飛行機」「ロケット」「忍者」などのかけ声でそのポーズに変化します。足を地面につけずにポーズを変化させましょう。みんなでいろいろな片脚ポーズを考えてみましょう。反対の脚も忘れずに。

★ジャンケン股開き 立つ （NO.23）
　２人組になってジャンケンをし、負ける度につま先とかかとを左右交互に開いていきます。立っていられなくなった方が負けです。足の開き方は前後でもできます。

そのほかバランスを取る遊び

登りばしご（No.9）、竹馬（No.61）、スティックバランス（No.89）、おしり掃除機（No.92）、手押し相撲（No.94）、おしり相撲（No.95）、だるまさんが転んだ（No.109）、バランス立ち（No.110）、ソリごっこ（No.116）、お尻バランスV!(No.124)、新聞乗りジャンケン（No.142）、水中サーファー（No.178）、腕やじろべえ（No.172）、ブランコ、けんけんぱ、一輪車、自転車、水泳など

■ 回る、転がる、逆さになる、浮く、泳ぐ、滑る遊び

★でんぐり返し(前後)、お芋転がり(エンピツ転がり) 回る 逆さになる （NO.24）
　でんぐり返しやお芋転がりは、代表的な遊びです。たくさん経験しましょう。お芋転がりは、はじめのうちは肘を使ったり、足を使ったりしてしまいます。ある程度慣れたら、腕をしっかり伸ばして体のねじりを使って回れるようにしていきましょう。でんぐり返しが難しい場合は、「マット運動の基礎となる遊び」（P87）も参照してください。

★ **側転** 回る 逆さになる 手で支える （N0.25）

　でんぐり返し、お芋転がりに側転を加えると、体のすべての方向への回転を経験することになります。逆立ちや背面倒立、ブリッジなどで逆さの感覚や手をつく感覚にまず慣れておきましょう。なかなかできない子には、足と手の向きをわかりやすいように地面に書いてあげるとやりやすくなります。上手くできない場合は、「台跳び越し」（P87）を参考に練習してみてください。幼児期に側転ができる必要はありませんが、「台跳び越し」で動きに慣れておくと後で楽になります。ぜひ挑戦しましょう。

★ **浮島で遊ぶ** 反応・変換能力 ⇒ 水泳につながる遊び （N0.26）

　プールにある巨大なビート板のようなものを浮島（うきしま）といいます。浮島の上に座って落ちないようにバランスを取ってみましょう。寝転んで手で水をかいて進んでみたり、何人乗れるか挑戦してみるのもいいでしょう。

バリエーション↑ ビート板を並べて浮島の代わりにすると難易度が上がります。

そのほか回る・浮く、滑るなどの遊び

魚焼き（No.97）、2人でローリング（No.98）、ジャンピングターン（No.131）、ゆりかごゆらゆら（No.163）、背面倒立（No.164）、お芋転がり（No.165）、ラッコ浮き（No.177）、土手滑り、滑り台、スキー、スケート、ブリッジ、逆立ち、コウモリ（鉄棒）など

■ **バランスの基礎となる遊び**

　バランスの基礎となるのは以下のような遊びです。

＊頭部（目線）が動く、傾く、回る遊び：
　でんぐり返し、ブリッジ、グルグルバット、あっち向いてほい
＊足裏の感覚、踏ん張りを養う遊び：
　裸足で遊ぶ、しゃがんで遊ぶ、相撲ごっこ、押し合い
＊足の指を使う遊び：足指ジャンケン、足指しゃくとり虫、下駄・足指つまみ
＊膝の曲げ伸ばし：ライオン歩き、アヒル歩き、ホッピング
＊膝の曲げ戻し：フラフープ、体の回旋・体側・前後屈運動（ラジオ体操）
＊腕の操作：お盆運び、腕回し、ヘビ、なわとび
＊重心をうまく移動させる：
　あんたがたどこさ（ジャンプバージョン）

★**足指しゃくとり虫**
(タオルギャザー) （NO.27）

　バランスを取るためには、足の指でしっかり踏ん張ることが大切です。足指しゃくとり虫やタオルギャザーで足をしっかり使えるようにしましょう。

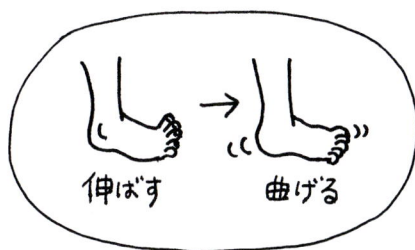

★**お盆運び** 持つ 運ぶ 歩く ＋ 用具操作能力 （NO.28）

　お盆を両手で持ちながら、いろいろなものを運んでみましょう。運ぶものは、新聞を丸めたものやボール、鉛筆、靴などでも構いません。

　バリエーション　お盆も板状のものだけでなく、おうちにあるものをいろいろ使ってみましょう。

★**相撲ごっこ** （NO.29）

　まずは親子で行います。子どもと押し合いをして、円や線から出たら負けです。親が勝ったり負けたりしてあげて、楽しく遊びましょう。慣れてきたら子ども二人で遊んでもいいでしょう。

★**体の回旋・体側・前後屈運動** （NO.30）

　バランスを取るときには腰から上を動かすことも大事です。ラジオ体操でもおなじみの回旋（かいせん）運動や体側（たいそく）運動、前後屈（ぜんこうくつ）運動をしっかり行って、腰をしっかり動かすクセをつけておきましょう。

★**足踏みゲーム** 握る ＋ 反応・変換能力 （NO.31）

　２人組になって右手同士（あるいは左手同士）握手します。手を握ったままの状態で、相手の足を踏みます。踏まれたら負けです。

　バリエーション　踏む足、踏んでいい足を決めてもいいですね。下を向くため、頭と頭をぶつけやすいので注意しましょう。走り出す時の最初の一歩を出やすくする効果も期待できます。

実践編 41

スポーツアビリティ❹「リズム協調能力」を養おう

リズム協調能力とは

　身体運動のリズムをコントロールする能力です。一定のテンポでリズミカルに動く、音楽やお友だちの変化するリズムに合わせて動く、タイミングよく動きを始めたり変えたりする能力と言い換えることもできます。

　幼児期の子どもたちは音楽に合わせて動いたり、単純なリズムを繰り返して遊ぶことが大好きです。リズムを口に出すと遊びやすくなりますし、脳の活性化にもつながります。何より声を出した方が楽しくできます。みんなで大きな声を出して楽しく遊びましょう。

リズム協調能力を養うためには

- 1. 一定のリズム、決められたリズムで、リズミカルに動く
- 2. お友だちとリズム（呼吸）を合わせて協力する
- 3. 決定的なタイミングを計る遊び

■ **一定のリズム、決められたリズムで、リズミカルに動く遊び(リズミカルな動きの繰り返し)**

★**行進** 歩く ＋ 連結動作能力 （NO.32）

　音楽や手拍子に合わせて、大きく手を振り、足を高く上げて、元気よく行進してみましょう。腕と脚の動きの連動性も高まります。手の振りを手拍子にしてもいいでしょう。

★**どうぶつ行進** 手で支える しゃがむ 跳ぶ ＋ 連結動作能力 バランス能力 （NO.33）
　⇒　跳び箱につながる遊び

　四つん這いになって、ライオンやカエル、アヒル、バッタなどの動物の真似をして、リズムに合わせて歩きます。スピードだけでなく、演技力も競います。たくさんの動物の真似をしてみましょう。手を床につく時は、手をしっかり開くよう意識させましょう。

★**ホッピング(連続跳び)** 跳ぶ ＋ 反応・変換能力 （NO.34）

　音楽などに合わせてリズムよく連続跳びをしましょう。まずは両脚からです。着地の音でリズムを取ったり、足が離れる瞬間でリズムを取ったりと意識を変えるといいでしょう。素早いリズムで行うと、反応・変換能力が高まります。ホッピングマシンを使う方法もあります。

★**スキップ** 走る 跳ぶ ＋ 反応・変換能力 ⇒ 跳び箱につながる遊び （NO.35）

　幼児には難しい動きかもしれません。年長ぐらいになったらチャレンジしてみましょう。跳び箱の踏切動作にもつながります。

★てんてんてまり(まりつき) ボールをつく ＋ 用具操作能力 （NO.36）
　歌を歌いながら、リズムよくボールをつきます。用具操作能力も必要になります。年中ぐらいからチャレンジしてみてもいいかもしれません。たまに足でまたぐ動作を入れると反応・変換能力も高めることができます。

> **そのほかリズミカルに動く遊び**
>
> あんたがたどこさ(No.53)、手たたき歩き(No.59)、なわとび(No.62～64)、グーパーホッピング(No.83)、ワンバンリフティング(No.88・93)、もしもしカメよ(No.135)、ラダーステップ(No.140)、トランポリン、うんてい、ブランコ、シーソー、リトミック、リズム体操、ラジオ体操、楽器演奏など

■ お友だちとリズムを合わせて協力する遊び

★ギッコンバッタン 引っぱる 起き上がる ＋ 柔軟性 （NO.37）
　2人組で向かい合って脚を伸ばして座り、手をつなぎます。手が届かない場合は、タオルなどを用意しましょう。一人が寝ている相手を引き起こしながら、仰向けに倒れます。もう一人は、相手が引っ張るタイミングに合わせて起き上がります。脚は開いて行ってもいいでしょう。

★引っ越し屋さん 立つ 座る 持つ 運ぶ 歩く 走る 押す 引く ＋ 用具操作能力 （NO.38）
　2人組になって、いろいろな物をいろいろな方法で運んでみましょう。座った状態でボールなどの荷物を背中や肩で挟み、立ち上がって運びます。物を挟んで立ったり、座ったりするだけでも楽しく遊べます。

バリエーション↑ 2本の長い棒でボールなどを挟んで運んだり、重い箱を押して運んだり、運び方も変えられます。移動する時に走ったり、スキップしたりして、難易度を上げてみましょう。

★ミラーマン 空間認知能力 反応・変換能力 （NO.39）

　２人組になって向き合います。一人が動いたら、もう一人はその動きを鏡に映っているかのように真似します。

バリエーション　一定のリズムで動いたり、メロディーに合わせて手拍子しながら動いたりしても面白いでしょう。相手の動きを覚えて、最初から真似してみる方法もあります。

★ハイタッチ（ハイファイブ） たたく ＋ 空間認知能力 （NO.40）

　２人組で手のひらをタッチします。最初は片手でも構いません。高さを変えてみたり、タッチの方法を考えてみましょう。

バリエーション↑　慣れてきたら３人組で輪になって、隣の人とそれぞれタッチしてみましょう。気をつけの姿勢からせーので行うと、難易度が上がります。

★パラシュートバルーン
持つ 歩く ＋ 空間認知能力 反応・変換能力 用具操作能力 （NO.41）

　円形のパラシュートバルーンの縁をみんなで持って遊びます。①リズムに合わせて歩きながら回ったり、バルーンを上げたり下げたりしましょう。②「おまんじゅう！」と言ったら、バルーンをいったん頭の上まで持ち上げます。③体をバルーンの内側に入れて、バルーンの縁を床まで下ろします。全員がバルーンの中のあんこになるイメージです。

バリエーション←→　バルーンの上にボールを乗せて、落とさないように一周させる遊び方もあります。

| そのほかリズムを合わせる遊び |

大縄 (No.20)、じゃんけんジャンプ (No.91)、2人でローリング (No.98)、大波・小波 (No.99)、ムカデオニ (No.101)、合体ロボット歩き (No.114)、押しくらまんじゅう (No.136)、新聞協力ジャンプ (No.146)、玉転がし、電車ごっこ、二人三脚、ペア体操、手つなぎオニ、ムカデ競走、、あんたがたどこさ (No.53・2人組でジャンプ) など

■ 決定的なタイミングを計る遊び

★ティーバッティング 打つ 振る ＋ 空間認知能力 用具操作能力 （N0.42）

声を出しながら、タイミングを計り、ティーに置いたボールを打ちましょう。かけ声は「チャー・シュー・メーン」でも何でも構いません。

★2人トランポリン 跳ぶ 着地する 持ち上げる 立ち上がる （N0.43）

2人組になって手をつなぎ、1人がジャンプしたら、もう1人が補助をします。忍者のように高く跳んで、静かに着地してみたり、わざと着地音を大きくしてみたり。互いに頭を打たないよう、補助側の子どもは頭を下げないように注意しましょう。

バリエーション 背中を向けた相手の肩や背中を押さえて、高くジャンプする方法もあります。その時、ジャンプする人はスクワットのようにタイミングよく膝を屈伸させて、高くジャンプできるようにします。

★靴飛ばし
蹴る ＋ 用具操作能力 バランス能力 （N0.44）

履いた靴を思い切り遠くへ飛ばしましょう。ブランコに乗って行う方法もあります。前方に人がいないか注意して行いましょう。

| そのほか決定的なタイミングをつかむための遊び |

水中モグラたたき (No.10)、ボールキャッチ (No.13)、振り子当て (No.17)、立ち幅跳び (No.58)、紙鉄砲 (No.67)、タオルでパン!(No.77)、お腹ジャンプ (No.121)、お腹ボールキック (No.157) 馬跳び乗り (No.167)、けん玉、コマ回し、跳び箱、逆上がりなど

スポーツアビリティ❺「反応・変換能力」を養おう

反応・変換能力とは

　笛の音や状況変化に素早く反応し、動作を素早く滑らかに変換する能力です。反応・変換能力には「反応の早さ」と「変換の素早さ、滑らかさ」の2つの側面があります。
　「反応の早さ」とは、笛の音や状況変化にいち早く気づき、動作の変換を始めることです。例えば、かけっこで「よーいどん！」の合図に反応したり、鬼ごっこで急に自分の方に向かってきたオニに反応して、逃げようとすることです。オニから逃げる場合には、どちらへ逃げようかを決める素早い判断力も「反応の早さ」に含まれます。
　「変換の素早さ、滑らかさ」とは、Aという動作からBあるいはCという動作へ、素早く、滑らかに切り替える能力です。「よーいどん！」の合図に反応した後、どれだけスムーズに走り出せるか、向かってきたオニに反応した後、どれだけ素早く逃げる動作に移れるかということです。
　そのほかに、跳び箱で「走る」「踏み切る」「手をつく」「脚を開く」「着地する」のように動作を切り替えていく動作、ランニング時の脚や自転車のペダルこぎ動作なども「変換の素早さ、滑らかさ」が必要な動作です。まずは変換前後の動作そのものに慣れていることが大切です。幼児期は、筋力が低いために動作の変換にもたつくことがあります。また、恐怖心などにより動作の変換がうまくいかないこともあります。それを考慮して指導にあたりましょう。

反応・変換の仕組み

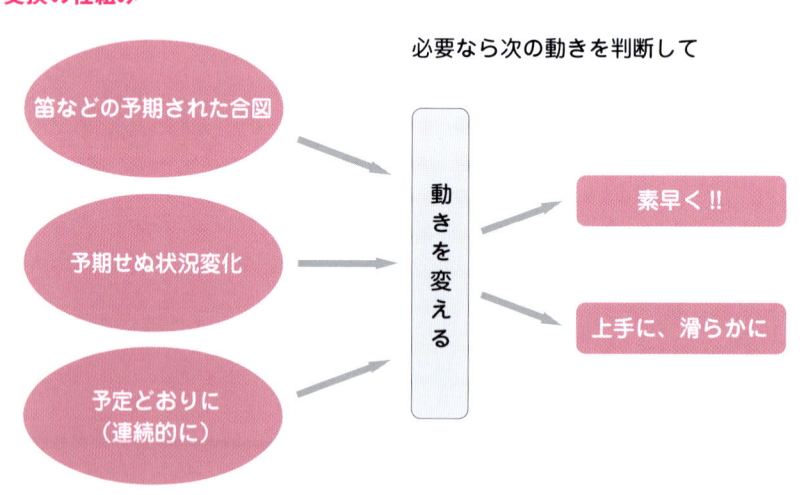

予期された合図	決められた動きをする	よーいドン！、だるまさんが転んだ（P70）、ネコとネズミ（P47）
	動きを選択する	フルーツバスケット、後出しジャンケン（P48）、友だち探しゲーム
予期せぬ状況変化	動きを合わせる	ミラーマン（P44）、トスまわし、ボールキャッチ（P35）、バッティング
	動きを判断する	鬼ごっこ、ドッチボール、転がしごっこ、足踏みゲーム（P41）、しっぽ取り
予定通りに連続的に	繰り返す	真っすぐ走る、ホッピング（P42）、ペダルこぎ、うんてい
	動きを変えていく	跳び箱、ドリブルシュート、あんたがたどこさ（P49）

反応・変換能力を養うためには

- **1. ストップ&ゴーや反応ゲームを楽しく繰り返す**
- **2. 繰り返し動作を素早くできるようにする**
- **3. 合図に変化をつけて遊ぶ**

■ **反応・変換能力を高める遊び**

★ネコとネズミ　走る　立ち上がる　座る　（NO.45）

①1人が「ネコ」役、もう1人が「ネズミ」役になります。②お互いに向かい合い、足の裏をくっつけて長座します。③先生が「ネコ！」と言ったら、ネコがネズミを追いかけます。④逃げる方は、後方の決められたゴールラインまでタッチされないように逃げます。⑤ゴールラインまでに逃げた方にタッチしたら、追いかける方の勝ち。逃げた方がラインまで逃げ切ったら逃げた方の勝ちです。⑥ゴールラインまでの距離は長くても短くてもそれぞれの楽しさがあります。その時々で決めましょう。

バリエーション↑　背中合わせで始めたり、寝た状態から始めてもいいでしょう。「ネコ！」と言ったときの立場を反対にすると、判断がより必要になってきます。ジャンケンの勝ち負けで行うこともできます。ジャンケンで負けたら追いかけるというルールにすると、とっさの判断が必要となるので、より脳を使うことになります。

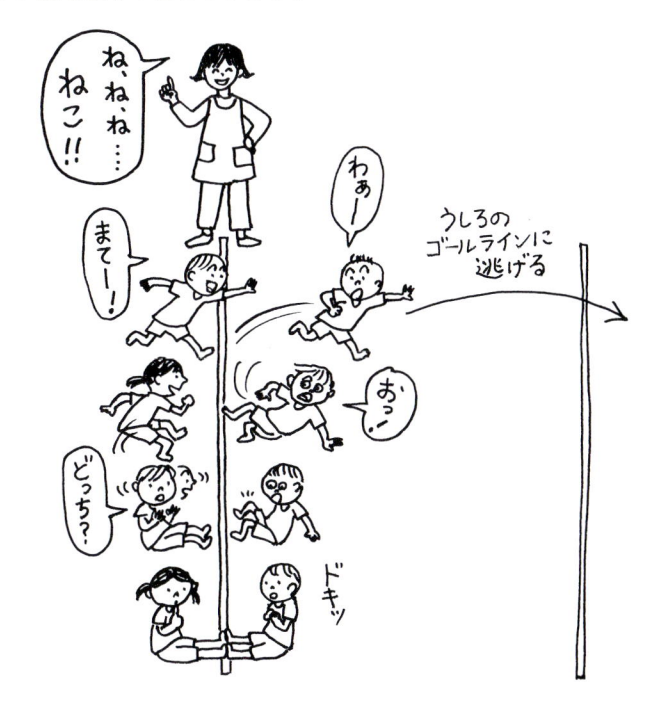

★後出しジャンケン 用具操作能力 リズム協調能力 （NO.46）
　①向かい合ってジャンケンをします。②後出しで「勝つ」か「負ける」かを決めておきます。かけ声は「ジャンケン、ポン、ポン」です。③最初の「ポン」で1人が手を出し、2回目の「ポン」でもう1人が後出しします。④だんだんかけ声を速くしていきます。

★ジャンケン握手 握る 引く （NO.47）
　向かい合わせになってお互い片方の手のひらを合わせておきます。反対の手でジャンケンをして、勝った方が相手の手を握ります。負けた方は手を握られないように手を引っ込めます。握られたら負けです。

★旗あげゲーム 用具操作能力 （NO.48）
　おなじみの「赤あげて」「白あげて」「赤下げないで、白下げて」の旗振りゲームです。
　バリエーション↑ 慣れてきたらイスに座って脚も使いましょう。足首に色のついた布などを巻き付けると簡単です。

★タオルバクダン よける 見る 捕る （NO.49）
　①タオルをボールのように丸めます。②1人が立って、もう1人が仰向けに寝ます。③立っている人が「はい」と言って、タオルを落としたら、寝ている人は当たらないようによけます。④初めは顔のあたりに落とします。落とす高さを低くするほど難しくなります。
　バリエーション↑ ボールを落とす人が「キャッチ」と言ったら、ボールをキャッチします。

★ボール交換パス 投げる 転がす 捕る ＋ 空間認識能力 用具操作能力 （NO.50）
　2人組になり、1人1つボールを持ちます。ボールは当たっても痛くないものを選びましょう。1メートルくらいの距離で向かい合って立ち、「せーの」で同時にボールをパスし、キャッチします。最初はボールを転がして行いましょう。

★オオカミさん今何時？ 走る ＋ 空間認知能力 （NO.51）
　①オオカミ役を1人決めます。②オオカミから少し離れた所に線を引き、子はそこに並びます。③子が「オオカミさん今何時？」と聞きます。オオカミは「今、〇時」と答えます。④「夜中の12時」という答え以外は、時刻と同じ歩数だけオニに近づきます。⑤オオカミが「夜中の12時！」と答えたら、子は逃げ、オオカミが子を追いかけます。オオカミにタッチされたらオオカミ役を交代します。

★ボールストップ (サッカードリブル) 蹴る 歩く 止まる ＋ 用具操作能力 （NO.52）

①サッカーのドリブルをします。②先生が「足の裏」と言って笛を「ピッ！」と吹いたら、素早くボールを足の裏で止めます。③膝、お尻、頭などいろんな所でボールを止めてみましょう。

★あんたがたどこさ (ジャンプバージョン)
跳ぶ ＋ リズム協調能力 バランス能力 （NO.53）

床に十字の線を引き、「あんたがたどこさ」の歌に合わせて前後に跳び、「さ」の時だけ左右に跳びます。前後・左右を入れ替えても可能です。

♪「さ」のときだけ横方向に跳ぶ

そのほか反応・変換能力を養う遊び

うさぎとかめ (No.1)、水中モグラたたき (No.10)、足踏みゲーム (No.31)、ミラーマン (No.39)、ワンバンリフティング (No88・93)、じゃんけんジャンプ (No.91)、しっぽ取り鬼ごっこ (No.103)、だるまさんが転んだ (No.109)、脚跳び越し (No.118)、足あげキャッチ (No.123)、ずっころばし反応ゲーム (No.137)、オオカミとウサギ (No.141)、ビーチフラッグなど

実践編 49

スポーツアビリティ❻「連結動作能力」を養おう

連結動作能力とは

　複数の動作を同時に行う能力です。「同時巧緻（こうち）性」と「連動性」の2つの側面があります。例えばピアノの演奏のように、右手と左手が同時に動いてもそれぞれが巧みに動くことを「同時巧緻性」と呼びます。「縄を回す動作」と「連続ジャンプ」を組み合わせて行うなわとびなどが挙げられます。

　それに対し「連動性」とは、同時に連動して動くことによって動きの目的を達成しようとすることです。例えば、垂直跳びでは、「脚の曲げ伸ばし」「腕の振り」「上半身の引き起こし」がうまく連動することにより、より高く跳ぶという目的を達成しようとします。「同時巧緻性」では、それぞれの巧緻性への依存が高く、「連動性」ではそれぞれの組み合わせ方がより重要となります。

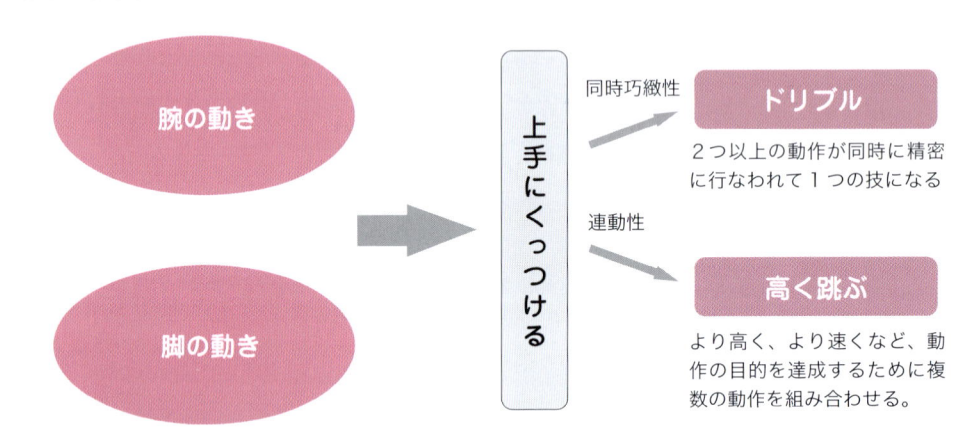

腕の動き ＋ 脚の動き → 上手にくっつける

- 同時巧緻性 → **ドリブル**
  2つ以上の動作が同時に精密に行なわれて1つの技になる
- 連動性 → **高く跳ぶ**
  より高く、より速くなど、動作の目的を達成するために複数の動作を組み合わせる。

同時巧緻性	楽器演奏（両手）、ダンス、お手玉、手遊び、手たたき歩き（P51）、しながらドリブル、お盆運び（P41）
中間、両方	一輪車、自転車、水泳、両手を使ってハサミで紙を切る、なわとび、竹馬
連動性	高く投げる、遠くへ投げる、高く跳ぶ、遠くへ跳ぶ、速く走る、速く泳ぐ、バットやラケットを速く振る　（体全体を使って）

連結動作能力を養うためには

1. いろいろな組み合わせにチャレンジする

2. 個別練習と連結を交互に繰り返す

　子どもたちの自由な発想で複数のことを組み合わせてみましょう。無茶だと思えることも案外できたり、無茶なものが楽しかったりするものです。うまく組み合わせられるようにするには、個別の練習と連結を繰り返していくことが大切です。ピアノ演奏で言えば、右手の練習、左手の練習をしてから両手の練習を行い、また右手や左手の練習をするということになります。

■ **連結動作能力を高める遊び** ・・

★**腕を振って歩く、走る、スキップする** `歩く` `走る` `跳ぶ` ＋ `リズム協調能力` （N0.54）

　大きく腕を振って、脚を高く上げて、歩いたり、走ったり、スキップしたりしましょう。たまにはわざと腕と脚を同じにして歩いたりしてみましょう。

★**しながらドリブル (まりつき)**
`歩く` `走る` `ボールをつく` ＋ `用具操作能力` `リズム協調能力` （N0.55）

　歩きながら、歌いながら (てんてんてまりなど)、反対の手でお盆運びをしながら、ジャンケンしながら、ラインの上を歩きながらなどいろいろな動作をしながら、ドリブルをしてみましょう。

★**高く投げる** `腕・上半身・脚を使った運動` `投げる` `跳ぶ` ＋
`リズム協調能力` `反応・変換能力` `用具操作能力` （N0.56）

　両手でボールを持って、なるべく高く投げます。脚の屈伸や上半身の引き起こしをうまく使って、高く投げられるようにしましょう。ボールが落ちてくるまでに「何回手をたたけるか」「何回転できるか」に挑戦すると、反応・変換能力も高められます。

★**遠くへ投げる** `投げる` ＋ `用具操作能力` `リズム協調能力` （N0.57）

　サッカーのスローインのように体を目一杯反らして両手でボールを投げたり、円盤投げのように投げたり、フリスビーのように腕を体の反対側に巻き付けてから投げたりしてみましょう。

★**立ち幅跳び (両脚で遠くへ跳ぶ)**
`跳ぶ` `着地する` ＋ `リズム協調能力` ⇒ 跳び箱などにつながる遊び （N0.58）

　両脚踏切、両脚着地のジャンプです。遠くへ跳ぶ時には、目当て (目印) を作って行いましょう。何もない所で、ただ遠くへ跳ぶというのは幼児には難しいことです。ラインを引いて、近い順に「バッタ」「うさぎ」「カンガルー」などのイラストをつけておくと楽しく遊べます。何か目印にしたものを飛び越える遊びでもいいですね。

　最初は腕を振らずに跳び、慣れてきたら徐々に腕を振りましょう。幼児期には無理に遠くへ跳ぶ必要はありません。慣れないうちは、片脚踏切、片脚着地でも構いません。
※最近では小学校の高学年になっても立ち幅跳びができない子どもが増えてきました。小さい頃から慣れておくといいでしょう。立ち幅跳びの前に「ホッピング」(P42) でしっかり両脚跳びに慣れておきましょう。

★**手たたき歩き** `歩く` `走る` `スキップ` ＋ `リズム協調能力` （N0.59）

　音楽に合わせて、歩きながら手をたたきます。初めは一定のリズムで行進しながら、音楽に合わせて手をたたきます。その場歩きより、実際に歩いた方がやりやすいでしょう。慣れてきたらスピードアップします。

　`バリエーション↑` 手を一定のリズムでたたきながら、足を音楽に合わせて踏み鳴らします。

手だけではなく、お尻やももなどをたたいてみましょう。走ったり、スキップにもチャレンジしましょう。

★ジャンプ遊び、ホッピング遊び
 跳ぶ 回る ＋ リズム協調能力 反応・変換能力
 ⇒ なわとびにつながる遊び （NO.60）

ジャンプしながら空中で手をたたいたり、回転しながら跳んだりしてみましょう。空中でリズムよく１回手をたたきながら連続ジャンプをすると、なわとびの練習になります。さらに２回手をたたくと、２重跳びの練習になります。

★竹馬 歩く 走る スキップ ＋ バランス能力 （NO.61）

竹馬は、右腕と右脚を同時に動かす必要があります。普通の歩行とは反対の動きとなりますので、そこが初めは難しいところかもしれません。
 バリエーション↑ 高さを変えたり、走ったりスキップしたりしてみましょう。

★なわとび 跳ぶ 回す ＋ リズム協調能力 用具操作能力 （NO.62）

なわとびはシンプルですが、ジャンプと腕の動きを合わせるのは意外と難しいものです。ヒモの長さが重要ですので、適当な長さに調整しましょう。材質は布のものより、ビニール製の縄の方がやりやすいでしょう。脚にあたると痛いため、嫌いになる子どももいます。長ズボンをはく時期に行うことをおすすめします。

★なわとび電車 走る スキップ 回す ＋ リズム協調能力 用具操作能力 （NO.63）

両手に縄を一本ずつ持ち、縄を回しながら走ります。最初は両手同時のタイミングで回しますが、慣れてきたらタイミングをずらしてみましょう。
 バリエーション↑ タイミングをはずす時は、正反対のタイミングから始め、微妙にずらすこともできるようになるといいですね。スキップもやってみましょう。

★なわとび走り 走る 跳ぶ スキップ ＋ リズム協調能力 用具操作能力 （NO.64）

なわとびをしながら走ります。前回しをしながら１回転で１歩というのが基本ですが、初めは１回転で２歩とした方がやりやすいでしょう。

バリエーション↑「後ろ回しで、後ろ向き走り」「後ろ回しで、前に走る」など、前と後の組み合わせを変えてみましょう。スキップを使うとさらに難易度が増します。

★ドリブルゲラウェイ 歩く ボールをつく ＋ 空間認知能力 リズム協調能力 用具操作能力 （NO.65）

エリアの中で、みんなでドリブルをします。ドリブルをしながら、お友だちのボールをはたいたり蹴ったりして、エリアの外に出します。外に出された人は、エリアの外で待ちます。最後まで残った人が勝ちとなります。

★一人ジャンケン 用具操作能力 反応・変換能力 （NO.66）

右手と左手でジャンケンします。片方の手をグー・チョキ・パーとリズムよく変えながら、反対の手を勝つあるいは負けるように出します。難しい時はあいこから始めます。右手と左手を反対にしたり、手と脚でジャンケンしてみましょう。

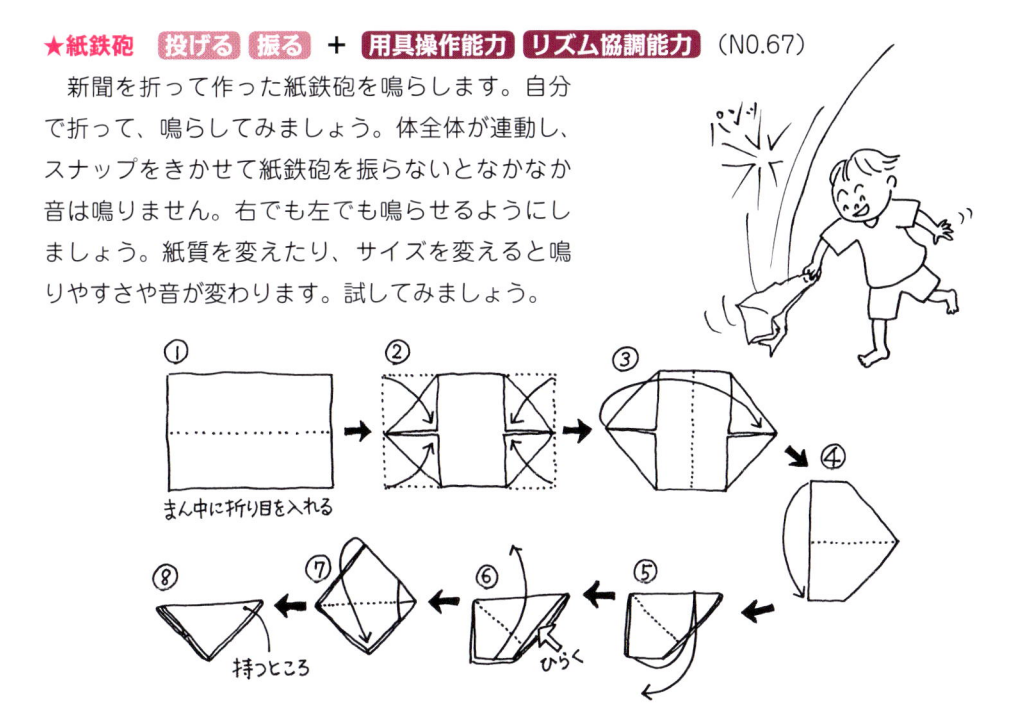

★紙鉄砲 投げる 振る ＋ 用具操作能力 リズム協調能力 （NO.67）

新聞を折って作った紙鉄砲を鳴らします。自分で折って、鳴らしてみましょう。体全体が連動し、スナップをきかせて紙鉄砲を振らないとなかなか音は鳴りません。右でも左でも鳴らせるようにしましょう。紙質を変えたり、サイズを変えると鳴りやすさや音が変わります。試してみましょう。

そのほか連結動作能力を養う遊び

ぶら下がりジャンケン（No.8）、登り棒（No.9）、行進（No.32）、ドリブル（No.70）、水切り（No.74）、フラフープ・ラン（No.79）、メンコ（No.159）、ロングスロー（No.162）、オーバーヘッドキック（No.175）など

スポーツアビリティ❼「用具操作能力」を養おう

用具操作能力とは
　手指や足先を繊細にコントロールして、ボールやバットなどの用具を巧みに操作する能力です。手先・足先の器用さと用具を操る感覚が重要です。

用具操作能力を高めるためには

> 1. 用具を使う遊び

> 2. 手先の器用さを高める遊び

■ 用具を使った遊び

★ボール的当て、輪投げ `投げる` `蹴る` ＋ `空間認知能力` （NO.68）
　用具操作能力を高める基本的な遊びです。ボールだけでなくいろいろな物を使って的当てをしましょう。当て方も投げるだけではなく、足で蹴ったり、手のひらで打ったりしましょう。輪投げは通常の的当てより、繊細な操作が必要になります。輪の大きさや距離を変えて楽しみましょう。

★ボールハンドリング （NO.69）
　ボールを使って体の周りを回したり、股の間を通して八の字を描いたり、体の周りを動かしましょう。テニスボールのような小さなボールから、バランスボールのような大きなボールまでいろいろなボールを使いましょう。大きさによって特性が違います。

★ドリブル `ボールをつく` `蹴る` `歩く` `走る` ＋ `連結動作能力` （NO.70）
　ドリブルは、バスケットボールのように手でボールをつく方法とサッカーのように足でボールを運ぶ方法がありますが、どちらも幼児期におすすめです。
　`バリエーション` ジグザグにドリブルしたり、ドリブルしながら「だるまさんが転んだ」をやってみても楽しく遊べます。ただ、ドリブルし続けるのは難しいので、「だるまさんが転んだ」で止まる時にボールを持って止まるなど、工夫して遊びましょう。

★手のひらリフティング `打つ` ＋ `空間認知能力` `リズム協調能力` （NO.71）
　手のひらを使って、ボールや丸めた紙くずをポンポンとリフティングします。いろいろなタイプのボールを使いましょう。風船を使ってもいいですね。
　`バリエーション↑` 慣れてきたら、手の甲を使ったり、ボールを2つにして挑戦してみましょう。
※難しい時は「ワンバンリフティング」（P62・64）がおすすめです。

★**釣り遊び** 空間認知能力 （NO.72）

棒の先端と魚のイラストの裏にマグネットをつけます。釣り棒の糸を垂らし、磁石の力を利用して魚を釣ります。

バリエーション↑ マグネットを使わずに、針に見立てた針金を使い、魚のイラストにつけた輪を通して釣るようにすると、さらに難しさが増します。

そのほか手先の用具操作能力を養う遊び

どっちが重いかな（No.12）、振り子当て（No.17）、てのひらラケット（No.18）、お盆運び（No.28）、てんてんてまり（No.36）、引っ越し屋さん（No.38）、パラシュートバルーン（No.41）、なわとび（No.62～64）、水入れ（No.105）、仰向けセルフ＆キャッチ（No.122）、タオルでチャンバラ鬼ごっこ（No.148）、メンコ（No.159）、クォーターバックスロー（No.161）、コマ回し、けん玉、指相撲、どろ遊び、折り紙、お絵かき、工作、積み木、楽器演奏など

★**ヘビ** 持つ 振る ムチ動作 （NO.73）

ロープなどヒモ状のものを使い、片方を持ちながら横に振って、ロープをヘビの動きのようにゆらゆらさせます。縦にも振ります。より長いヒモで先端までしっかり動かせるようにしましょう。

★**水切り** 投げる ＋ 連結動作能力 （NO.74）

池や川などの水面に石を投げ、弾ませる遊びです。少しでもたくさん弾むように工夫して投げましょう。石にはいろいろな形があり、指先の感覚を刺激します。水切りに向いている石を探すのも楽しいものです。

★**もどれフラフープ** ムチ動作 ＋ 空間認知能力 （NO.75）

フラフープにバックスピンをかけて前に飛ばし、手元に戻します。上手に真っすぐ戻せたら成功です。戻る距離をどんどん伸ばしていきましょう。慣れてきたら、距離をコントロールして、ギリギリ壁などに当たらないよう戻す練習をしてみましょう。

★タオルはたき 持つ 振る ムチ動作 ＋ 空間認知能力 （NO.76）
　タオルを使って、離れた所にあるものを手元に近づけます。手首のスナップをきかせて、うまくものを引っかけましょう。

★タオルでパン！ 持つ ムチ動作 ＋ リズム協調能力 （NO.77）
　固く絞ったタオルの端を持ち、フリスビーを投げる要領で前方に振り出します。タイミングよく手を引いて、前方でタオルが「パン！」と音が鳴るようにします。タオルが伸びきる直前にタイミングよく引く「ムチ動作」がポイントです。洗濯物を干すときに上下に「パン！」とする動作と同じ原理です。

■ 手先の器用さを高める遊び

★コマ遊び 投げる ムチ動作 （NO.78）
　コマを手で回したり、ヒモで回したりします。コマへのヒモかけも器用さを高めます。
　バリエーション←→ ベーゴマでは、コマを落とす場所も制限されるので、さらに器用さが求められます。

■ 足の器用さを高める遊び

★フラフープ・ラン 走る ＋ 連結動作能力 （NO.79）
　足首にフラフープを引っかけ、くるくる回しながら走ります。反対の脚に引っかからないように回しながら走りましょう。

★足裏ボールタッチ バランス能力 空間認知能力 反応・変換能力 （NO.80）
　①バランスを取りながら、ボールを片方の足の裏で押さえます。②足の裏でボールをくるくる回します。③慣れてきたらボールを転がして、足の裏でボールを止めてみましょう。空間認知能力も高められます。
　バリエーション↑ さらに「ピッ」と笛が鳴ったら、左右の足を入れ替えたり、ドリブルの途中で足裏ボールタッチを入れたりしてみましょう。

★ 足指ジャンケン 足の指の器用さ （NO.81）

　足の指を使ってジャンケンをしましょう。子どもの頃から足の指を動かしていると、とても動きやすくなります。

★ 水泳のキック 脚の動き 足先の器用さ ＋ 意識・思考能力 （NO.82）

　バタ足、ドルフィンキック（バタフライのキック）、平泳ぎのキックがあります。足先を上手に動かす必要があるため、足先の器用さの向上に役立ちます。また、水泳の脚の動きは目で確認しにくいため、動きを意識するのに役立ちます。

そのほか脚の用具操作能力を養う遊び

足指しゃくとり虫（No.27）、靴飛ばし（No.44）、ボールストップ（No.52）、足あげキャッチ（No.123）、鉄棒クレーン遊び（No.174）、水中サーファー（No.178）、石蹴り、しゃがむ、はだし・下駄で歩くなど

コラム 「芸術はスポーツだ!?」

　芸術はスポーツだ！といえば不思議に思う方も多いかもしれません。学校でも体育ではなく、音楽や美術の授業で扱います。音楽部や美術部の生徒と運動部の生徒のイメージも異なります。

　芸術家が自分のイメージを表現しようと「楽器を演奏する」「絵を描く」「彫刻を彫る」、そのすべては指先の繊細なコントロールなしには得られません。その指先のコントロールは、正確な身体動作のコントロールそのものです。彫刻家は正確な腕の振りでノミを打ちますし、ピアニストは鍵盤を叩く強さを巧みにコントロールし、その腕は素早く正確に目的のキーまで手を運びます。そして左手と右手は同時にリズムよく複雑に動きます。

　その身体運動が自らの楽しみのために行われているとすれば、それはスポーツと言っていいのではないでしょうか。ただ一般的には、パフォーマンスの向上を楽しんだり、レクリエーションとして楽しんだりしている人をスポーツマンと呼び、自己表現できることを楽しんでいる人を芸術家と呼んでいるのだと思います。芸術をスポーツと呼んでいいのかはともかく、楽器演奏や図画工作において巧みな身体コントロールを行っていることに間違いなく、しかも用具操作能力や連結動作能力、リズム協調能力など一部の能力においては、一般的なスポーツで行うよりも高い能力を身につけることができます。

　楽器演奏や図画工作などもスポーツ保育の欠かせないスポーツの一つとして積極的に取り入れてほしいと思います。ただし、運動量は少ないので、目安となる１日１時間の運動の中には含めない方いいかもしれません。

スポーツアビリティ❽ 「意識・思考能力」を養おう

意識・思考能力とは

体の動きや感覚、心の状態を意識する力、自分で考えて創意工夫する力のことです。

- 体の動きや感覚
- 心の状態、動き
- 創意工夫する

⇒ 習慣づけ、意識づけ

幼児期に高い意識や考える力は身につきませんが、意識づけは幼児期から始めましょう。

意識・思考能力を養うには

集団で行う遊びよりも、1人か少人数で行う遊びの方が意識しやすいでしょう。集団で行う遊びでも、戦略性が高く工夫を要する遊びやルール、遊び方の工夫をさせることによって、創意工夫する意識づけが可能です。

1. 質問で、感覚や感情を意識させる
2. 結果を承認し、チャレンジやアイデアを称賛する
3. あれこれ教えすぎない、考える余地を与える

質問力を身につけよう

身体感覚や感情への意識づけには、集団遊びよりも個人遊びの方が向いています。子どもたちが上手にできたら「どうやったの？先生にも教えて」と教えてもらいましょう。子どもは親や先生に教えようとすることで、先ほどの運動の感覚を思い出そうとします。思い出せないことも多いのですが、これを繰り返すことで少しずつ感覚を意識するようになっていきます。質

問に対してうまく答えられなくても構いませんし、それが当たり前です。大人から見ると違うなと思うこともあると思いますが、否定せずに受け入れましょう。

結果の承認

結果を適切に(まめに)フィードバックします。
うまくいっても、失敗しても結果をしっかり伝えましょう。

> 今のは肘がよく上がっていたね
> ちょっと右にそれちゃったね

> 客観的事実を伝えること

チャレンジやアイデアを称賛する

結果よりもチャレンジしたという事実が重要です。チャレンジしたことは大いに称賛しましょう。また子どもたちが工夫したことは「ずる」と決めつけたり、「それはダメ」と頭ごなしに禁止しないで、アイデアを称賛し、一度ナイスアイデアとして受け入れましょう。その後で「じゃあ今度はそれをしないでやってみよう」などと進めて行けばよいのです。子どもたちの発想を生かしてルールを変えたり、子どもたちにルールを考えさせたりしましょう。

あれこれ教えすぎない

「教えすぎ」は考える力を低下させます。教えることは最低限に抑え、後は子どもたちの力を信じましょう。子どもたちが考えついたことは、間違うことも多いものです。それでも子どもたち自身が考えついたことはドンドン実行させましょう。うまくいかなければまた考えればいいのです。

コラム　異年齢での集団遊び

　平均的に年長さんになると、みんなでルールを守って行う集団遊びができるようになってきます。年中さんは集団遊びが難しい子も多く、一緒に遊んでいると言っても、近くでそれぞれが遊んでいるということも少なくありません。そう考えると、年長さん・年中さんを混ぜての集団遊びは難しいようにも思われます。

　しかし、やってみる価値はあると思います。確かに最初はぐちゃぐちゃになるでしょう。でも、年長さんは大人の前では子どもでも、年中さんの前ではお兄さん、お姉さんになって、年中さんに一生懸命教えようとしてくれます。教えるために自分も遊びを理解しようとします。一生懸命考えます。

　昔から「教うるは学ぶの半ば」と言います。教えるために「こうだったかな、ああだったかな」と自分の動きを見つめます。それはとても身体感覚を高め、意識・思考能力を高めます。そして、社会性も高めるとも言われています。年中さんにとっては身近なモデルがいることで、あきらめずに長い時間遊ぶことができたりするようです。

　管理する大人は大変ですが、現在異年齢での集団遊びが減っていることを考えれば、積極的に行っていきたいものですね。

1人でできる遊び

　1人でできる遊びと言っても、常に1人きりで行うものという訳ではありません。1人でできる遊びをみんなで一緒に行っても楽しいですし、みんなで楽しく遊んだ後に、1人で遊ぶこともできます。家や近所で子どもと2人で遊ぶときの参考にもしてください。1人でできる遊びは自分の動きを意識することに向いています。

■グーパーホッピング　跳ぶ ＋ リズム協調能力　連結動作能力　（NO.83）

　①気をつけの姿勢から腕と脚を開いたり閉じたりしながら、連続ジャンプをします。②初めは腕と脚を同時に開いたり閉じたりしましょう。③慣れてきたら、腕と脚を反対（腕を開く時は、足を閉じる）にします。「グー！」「パー！」と元気に声を出しながら行いましょう。

バリエーション↑　A）グー・チョキ・パーの3つにしてみる。B）腕と脚の拍子を変える（例、腕3拍子＝開いて、閉じて、閉じて。脚2拍子＝開いて、閉じて）

ポイント　腕と脚と声、3つを同時に行うことが大切です。腕や脚の動きが声につられてしまわないようがんばりましょう。

■パンチングボール
　たたく　打つ　蹴る　跳ぶ ＋ 空間認知能力　リズム協調能力　（NO.84）

　①ゴミ袋等に新聞やタオルなどを詰め、口を縛り、パンチングボールを作ります。②それを鴨居や鉄棒などにヒモでつるします。③揺れるパンチングボールをリズムよくたたいたり、蹴ったり、打ったりします。

バリエーション←→　A）少し高く設置して、バレーボールのようにジャンプしてたたく。B）低く設置して、サッカーのように蹴る。C）揺れるパンチングボールを的にしてボールを当てる。

ポイント　ふわふわに詰めたもの、ぎゅうぎゅうに詰めたもの、大きいもの、小さいものといろいろなタイプのパンチングボールを作ることができます。

■**カベ打ち** 投げる 蹴る 打つ 捕る ＋ 用具操作能力 反応・変換能力 （NO.85）

　壁に向かって、ボールを投げたり、蹴ったりして、跳ね返ってきたボールをキャッチします。壁のどこに当てるかよりも、どこに返すかを工夫します。例えば「胸でキャッチできるように」とか「頭の上でギリギリキャッチできるように」などと決めて投げましょう。投げ方も、上投げ、横投げ、下投げ、両手投げなどいろいろ工夫してみましょう。

バリエーション↓ ボールを蹴ったり、打ったりして、目的の場所に返すのは難しいものです。そういうときは、壁に当ててキャッチ（トラップ）できればいいとしましょう。

■**新聞ジャンプ** 跳ぶ 着地する ＋ バランス能力 （NO.86）

　新聞を踏まないようにジャンプして飛び越える遊びです。最初は新聞を小さく折ります。だんだん大きくしていきますが、単なる四角形ではなく、不規則な形に切り取って、簡単なジャンプと難しいジャンプの両方行ってもいいでしょう。自分が住んでいる県や市の形に新聞を切ってみると地理の勉強にもなります。

注意 新聞ジャンプは、木の床の上で遊ぶと滑ることがありますので、注意しましょう。

バリエーション←→ 新聞を2枚離して置き、新聞から新聞へとジャンプします。わざと新聞を破る跳び方、破らない跳び方、音がしない跳び方など工夫してジャンプしてみましょう。

バリエーション↑ 新聞を2枚用意し、新聞の上に乗って移動する遊びです。1枚の新聞の上に乗り、もう1枚を自分の進みたい方向に置きます。もう1枚の新聞に移動したら、最初に乗っていた新聞を拾い上げ、また進みたい方向に置きます。それを繰り返して移動します。慣れてきたら、新聞から落ちないようにもう1枚の新聞をなるべく遠くにおいて、ジャンプしましょう。

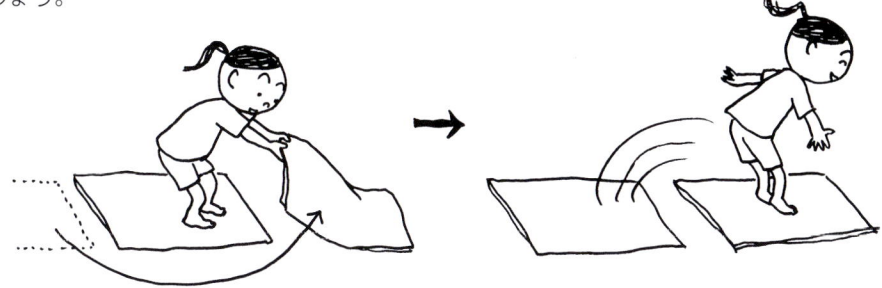

■**風船リフティング** 打つ ＋ リズム協調能力 空間認知能力 反応・変換能力 （NO.87）

　風船が地面に落ちないように手のひらで打ちます。はじめは顔の前あたりで、上の方向に打ってみましょう。

バリエーション↑ 手の甲や肩など体のいろいろな場所を使ってみましょう。複数の風船で遊んでみたり、色違いの風船を使って色ごとにどこで打つのかを決めると難易度が高まります。少しだけ風船にヘリウムガスを入れると、落ちてくるのが遅くなります。落ちるスピードが違

う風船を使っても楽しいでしょう。

バリエーション↓ 風船を大きめにしたり、ヘリウムガスを入れて落ちる速度を遅くします。

■ワンバンリフティング（1人）

打つ ＋ **リズム協調能力** **空間認知能力** **反応・変換能力** ⇒ **テニスにつながる動き** （NO.88）

①目の高さくらいでボールを離し、ワンバウンドさせます。②ワンバウンドしたボールを下から手のひらを使って真っすぐ上に軽く打ちます。③バウンドとリフティングを繰り返します。

バリエーション↑ A）ボールが上昇していく時、一番高くなった時、下降していく時、どのタイミングで打つのかを意識して打ってみましょう。B）フラフープなどを置いて、その中でバウンドさせるようにします。

バリエーション↓ 何バウンドでもいいのでバウンドしているボールを下から打つ練習をしてみましょう。バウンドしたボールを腕に通す遊びもあります。（P35）

■スティックバランス **用具操作能力** **バランス能力** **空間認知能力** （NO.89）

棒状のものを手のひらに立て、棒が倒れないようにバランスを取ります。足元が見えないので、スペースが広い安全な場所で行いましょう。ゴールを決めて歩いて移動してみましょう。

バリエーション←→ 手の甲やおでこ、足の甲などでやってみましょう。

バリエーション↑ A）動いて良いエリアを決めて挑戦してみましょう。B）決められたルートを移動してみましょう。C）わざと障害物を置き、目線をそらすようにしてみましょう。

■ヒモ回し **用具操作能力** ⇒ **なわとびにつながる遊び** （NO.90）

いろいろな素材のヒモを回してみます。回しやすいヒモ、回しにくいヒモが分かるようにしましょう。車のタイヤのように縦にヒモを回しながら走ったり、頭の上でヘリコプターのように水平に回したり、さまざまな姿勢でいろいろな方向にヒモを回してみましょう。

バリエーション A）右手と左手に1本ずつヒモを持って、2本同時に回してみましょう。B）ヒモの長さを変えたり、先端や中央にテープを巻いて回しやすさを変えてみましょう。

そのほか一人でできる遊びの例

風船を膨らませる(No.3)、振り子当て(No.17)、浮島で遊ぶ(No.26)、足指しゃくとり虫(No.27)、ホッピング(No.34)、スキップ(No.35)、てんてんてまり(No.36)、靴飛ばし(No.44)、高く投げる(No.56)、竹馬(No.61)、なわとび(No.62～64)、一人ジャンケン(No.66)、水切り(No.74)、もどれフラフープ(No.75)、タオルでパン!(No.77)、お腹ジャンプ(No.121)、仰向けセルフ＆キャッチ(No.122)、足あげキャッチ(No.123)、足ぽんジャンプ(No.133)、お尻歩き(No.152)、背中歩き(No.153)、背面倒立(No.164)、腕やじろべえ(No.172)など

コラム 競争はダメか？

　スポーツの面白さの一つに競争があります。競争を否定する意見もありますが、競争は大切です。子どもは大人が言わなくても自分たちでかけっこや靴飛ばしなどで競い合います。その中で、相手に勝つためにはどうしたら良いかを考え、工夫して、自らを成長させていきます。負けた悔しさを知ることももちろん大切なことです。

　しかし、競争をさせれば良いというものでもありません。競争を無理に煽ったり、競争の結果のみに価値を置いたり、競争ばかりするのは良くありません。それではスポーツ嫌いを増やしてしまうだけです。

　競争を健全に楽しむためには、強さや速さだけでなく、器用さや丁寧さ・根気強さを競うなどいろいろなタイプの競争を取り入れる、その子どもの成長や頑張りも褒める、負けを楽しく悔しがる、次は勝とうと前向きな姿勢で終える、競争心が足りないと叱ったりしない、などが挙げられます。

　幼児期は本当の意味での競争心はあまり高くないことがほとんどです。一緒に遊んだり、協力する遊び、チャレンジする遊びなど競争以外の楽しさを味わうことが中心になると思います。競争をスポーツの面白さの一部分として、上手に用いて楽しみましょう。

少人数で行う遊び

お友だち2～3人で協力して行う遊びを中心に紹介します。集団遊びがまだ難しい時期に、その準備段階として行ってもいいでしょう。

■じゃんけんジャンプ 跳ぶ ＋ 反応・変換能力 リズム協調能力 （NO.91）

ジャンプをして、着地の時に足でじゃんけんをします。着地のタイミングをそろえる方法と、跳び上がるタイミングをそろえる方法の2通りがあります。跳び上がるタイミングをそろえると、高くジャンプした方が後出しできて有利になります。

3人組以上の時 1人対複数で行い、1人がみんなに見えるように手でじゃんけんをし、残りの人はそれに勝つ（負ける）ように足でじゃんけんをします。手を見せるタイミングを少しずつ遅くして、空中で反応できるようにしていきましょう。

■おしり掃除機 引く 踏ん張る 滑る ＋ バランス能力 （NO.92）

①1人が床にお尻をつけて座り、もう1人が座っている子の両足首を持ちます。②足首を引っ張り、お尻で床を滑っていきます。引っ張られる子は頭を打たないように、Vの字の姿勢を保つようにしましょう。

ポイント ズボンが破けないように乾いた雑巾をお尻の下に敷いてもいいでしょう。お腹や背中など他の場所を使って工夫してみましょう。

注意 急加速をすると頭を打つことがありますのでやめましょう。慣れないうちは、足やズボンをつかんだり、頭の後にクッションを当てて持たせたりしましょう。

■ワンバンリフティング (2人組)
 打つ ＋ 反応・変換能力 空間認知能力 リズム協調能力
⇒ **テニスや卓球につながる動き** （NO.93）

P62のワンバンリフティングを2人で行うバージョンです。フラフープなどを置いて、その中でバウンドさせます。ボールはなるべく真上に軽くリフティングします。ボールが外でバウンドしたり、リフティングができなかったら終わりとします。交互に何回打てるかチャレンジしてみましょう。

バリエーション A) ワンバウンドしたボールを腕に通したり、両手でキャッチする遊びもあります。B) 2人で勝負しても良いでしょう。負けの条件は2つです。①打ったボールがフー

プ内でバウンドしなかった。(相手が空振りした場合、ツーバウンドめもフープ内でバウンドしなければ負け)②ワンバウンドでリフティングできなかった。

■手押し相撲 押す 引く ＋ バランス能力 反応・変換能力 （NO.94）

①両脚をそろえて向かい合って立ち、手のひらを合わせ押し合います。②足が動いたり、相手の手のひら以外を触ってしまったら負けです。③相手の手をよけても構いません。相手のバランスを崩した方が勝ちとなります。

■おしり相撲 素早く姿勢を変える ＋ バランス能力 反応・変換能力 （NO.95）

①2人で背中合わせに立ちます。お尻とお尻の距離はそれぞれ工夫しましょう。②自分のお尻で相手のお尻を押したりつついたりします。③バランスを崩した方が負けです。

■タオル(棒)引き相撲 引く(押す) ＋ バランス能力 反応・変換能力 （NO.96）
⇒ 鉄棒につながる遊び

①2人組で向かい合ってタオルの端を持ちます。②互いにタオルを引っ張って相手のバランスを崩します。③タオルを離したり、脚が動いたら負けです。

バリエーション←→ タオルを棒に変えて行うと「押す」動作になります。棒が体に当たらないように体の横で持つようにしましょう。引く力は鉄棒に役立ちます。

■魚焼き 回る 押す 体に力を入れる ＋ バランス能力 （NO.97）

①マットなどの上に、1人(魚役)がまっすぐ寝転びます。②もう1人が「反対側も焼きまーす」と言ったら、寝転んでいる人の体をひっくり返します。③魚役の子はひっくり返されないように我慢します。手を体の横から離さないようにしましょう。

ポイント なかなかひっくり返らないと魚は焦げてしまいます。焦げるまでの時間を決めてもいいでしょう。時間内にひっくり返せなかった場合は、魚役の子の勝ちとなります。なかなかひっくり返らない子は、2人、3人がかりでひっくり返してみましょう。大人が魚役になると、大人数でできますね。仰向け、うつぶせ、両方行いましょう。

■2人でローリング
回る 転がる 体をひねる ＋ リズム協調能力 バランス能力 （NO.98）

①2人組になって頭同士を合わせ、1本の棒になるように寝転びます。②頭の上で互いの両手をつなぎます。③呼吸を合わせて手を離さないように転がりましょう。

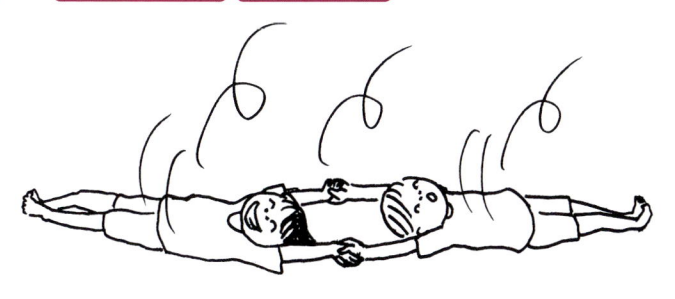

※難しい時は「お芋転がり(P87ページ参照)」をやってみましょう。

実践編 65

■ **大波・小波** `跳ぶ` `回す` ＋ `リズム協調能力` `空間認知能力` （NO.99）

①3人1組になり、2人が縄の両端をそれぞれ持ちます。②縄を持った2人は、縄を小さく振ったり、大きく振ったりします。③残った1人はその縄に引っかからないようにジャンプします。④歌を歌いながらリズムに合わせると楽しいでしょう。

ポイント 縄は長さと張り方によって振る速さをコントロールできます。縄を短くしたり、ピンと張ると速く振れますし、長くしたり少しゆるめにするとゆっくり振れます。

バリエーション↑ 本来は「大波〜、小波〜」で縄を揺らし、そのあと「ぐるっと回してネコの目」と歌いながら、縄を回転させて跳び、最後に縄をまたいで終わります。ひと回しからチャレンジしてみましょう。

■ **合わせてジャンプ** `跳ぶ` ＋ `リズム協調能力` `反応・変換能力` （NO.100）

2人以上で「前へならえ」の要領で一列に並び、前の人の肩に手を置きます。みんなでタイミングを合わせて脚を「グー」「パー」としながらジャンプします。声も合わせましょう。

バリエーションA ジャンプしながら、少しずつ移動します。

バリエーションB 「グー」「チョキ」「パー」でやってみましょう。

バリエーションC ①6人以上で行います。②先生が笛などをリズムよく鳴らします。③1番目の笛で先頭の人が跳び、2番目の笛で2番目の人が跳ぶ、というように前から順番に笛に合わせて跳びます。④先頭の人はあらかじめランダムに決められたグー・チョキ・パーのいずれかを出します。⑤後の人は、前の人がグーだったらチョキを、チョキだったらパーを出して、グー・チョキ・パーが連続するようにジャンプします。⑥間違えた人は、先頭に移動し、再チャレンジします。2チーム作って競争しても面白いでしょう。

そのほか少人数でできる遊び

パイナップルジャンケン（No.4）、ぶら下がりジャンケン（No.8）、ジャンケン股開き（No.23）、足踏みゲーム（No.31）、ギッコンバッタン（No.37）、引っ越し屋さん（No.38）、2人トランポリン（No.43）、ネコとネズミ（No.45）、タオルバクダン（No.49）、ボール交換パス（No.50）、ずっころばし反応ゲーム（No.137）、新聞協力ジャンプ（No.146）、つま先グルグル（No.156）など

コラム　ある指導者の悩み

指導者の方から「ウチの子どもは、どうも主体性がなくて、言わないとやらないし、自分で工夫してやろうとしない」という言葉を聞くのは珍しいことではありません。そういったチームへ練習の見学に行ってみると、確かにそんな印象を受けることもあります。

しかし、練習をよく見ていると、たまに主体的に工夫してやろうとしている子も見かけるのですが、そのときの指導者が言う言葉にある共通点があります。「なに勝手な事をしている。言われたとおりにやりなさい！」。すべてという訳ではありませんが、これに近い言葉を聞くことが多いというのが印象的です。こうした言葉に子どもたちは徐々に主体性を失っている場合もあります。時には子どもたちにもっと主体的に練習させることも大切なのではないでしょうか。

みんなで遊ぶ

　みんなで行う遊びとしては「鬼ごっこ」や「かくれんぼ」などが定番ですね。1人でできる遊びや少人数でできる遊びをみんなでするのもいいのですが、たくさんいるからこそできる遊びならではの楽しさもあります。
　鬼ごっこなどの遊びは、空間認知能力を高めるのに適しています。鬼ごっこ系の遊びは空間認知能力のページにも多く取り上げていますので、参照してください。

空間認知能力ページへ GO
→ 34 ページへ

■**ムカデオニ** 走る ＋ 空間認知能力 リズム協調能力 （NO.101）

①縦に一列になり、前の人の肩の上に手を置きます。②オニは最後尾の子にのみタッチができます。オニの数は1人でも2人以上でも楽しめますが、最初は大人1人で行うといいでしょう。③先頭の子は最後尾の子がタッチされないように手でつかんだりせずブロックします。④最後尾の子がタッチされたらオニの交代です。交代した子は列の先頭に入ります。⑤もし列の途中で手が離れてしまったら、その子を先頭に新たな列を作るか、その子がオニと交代します。

ポイント　前の子があまりに速く向きを変えると後ろの方の子はついて行けずに手が離れてしまいます。先頭の子はオニと後ろの子を同時に意識する必要がある遊びです。

バリエーション　初めは大人が常にオニで、タッチされた子が先頭になる方法でもいいでしょう。大人数の場合には、オニやムカデの数を増やします。オニをドンドン増やす方法もあります。

■転がしドッジ
走る　よける　跳ぶ　転がす　＋　空間認知能力　反応・変換能力　（NO.102）

①エリアを1つ設けます。内野と外野に分かれます。円でも四角でも不規則な形でも構いません。②ボールは必ず転がし、膝から下に当たった場合はアウト、膝から上に当たった場合はセーフです。③外野はボールを転がす時、必ず線の外でボールを地面につけるようにします。④アウトかセーフかを、当たった時に明確に伝えましょう。

バリエーション　ボールの数や種類、外野の数、投げていいエリアなどを工夫して遊びましょう。

■しっぽ取り鬼ごっこ　走る　よける　＋　空間認知能力　反応・変換能力　（NO.103）

①ズボンのウエストにハチマキやタオルを挟み、しっぽにします。②オニにしっぽを捕られたらアウトです。③しっぽを捕られた子は、オニになるか、エリア外に出て待ちます。

バリエーション　しっぽの長さやオニの数を変えて遊びましょう。

■ジェスチャー伝言ゲーム　観察力　表現力　＋　意識・思考能力　（NO.104）

伝言ゲームのジェスチャー版です。①後ろ向きに一列に並びます（前にならえをした時の一番後が先頭です）。②先頭から順にジェスチャーでメッセージを伝えていきます。ジェスチャーをする人と、ジェスチャーを見る人だけが向かい合います。③ジェスチャーを見て、わかったと思ったら「OKサイン」を出して、次の人にジェスチャーを見せます。④最後の人は、ジェスチャーをしてから、声に出して「〇〇！」と答えを言います。

注意　年齢が低いと、順番でない子が我慢できずに見てしまうかもしれません。列の長さを短くしたり、ジェスチャーは見えない所（例えばパーティションの裏）で行ったり工夫をしましょう。

ポイント　最初は、サルやウサギなどわかりやすいお題から出しましょう。お題が難しくなって、ゲームをした後に子どもたち同士で「ライオンとトラはどう違うのかな」「じゃ、チーターは？」などのやりとりが出てくるのが理想です。大人が少し議論を促してもいいでしょう。

■水入れ　投げる　水をすくう　水慣れ　＋　空間認知能力　用具操作能力　（NO.105）
⇒　水泳につながる遊び

①浅めのプールに入って、大人が頭の上に空のバケツを持って立ちます。②子どもたちは円になって周りを取り囲みます。③よーいどん！の合図で、周りの子は水を手ですくってバケツに入れます。④バケツを持っている人（子）は、バケツを傾けたり落としたりしないように注意しましょう。

バリエーション　ビート板など道具を使って水をすくってもいいでしょう。

ポイント　水をたくさん入れようと頑張ることで、自然に水が顔にかかり水慣れにもなります。バケツを持つ人は、顔にたくさん水がかかります。最初は大人が水を入れやすいようにバケツを持ってあげましょう。

■風船トス回し　打つ　＋　空間認知能力　反応・変換能力　リズム協調能力　（NO.106）

みんなで「風船リフティング」を行います（P61参照）。みんなで順番にリフティングしましょ

う。打った回数の多い子を勝ちにしてもいいですし、チーム戦の場合は打った数が一番少ない子がいるチームを負け、としてもいいでしょう。

※一人の子だけが打ち過ぎてしまう場合：先生は子どもたちと少し離れた場所にいましょう。子どもたちは風船を1回打ったら先生のところに行き、ビー玉などをもらってくるというルールにしても面白いですね。間違えず順番に、何回できるかチャレンジしてみましょう。最初は、「次は3番、○○ちゃんだよ～」とサポートしてあげると子どもたちも遊びやすくなります。

バリエーション 風船を複数にしたり、柔らかいボールに変えてみましょう。難しい時は1人で風船リフティング（P61参照）をしたり、2人でやってみると練習になります。

■玄関入ってこんにちは
しゃがむ 這う 転がる ＋ 空間認知能力 （NO.107）

①ヒモの両端を手で持ち、ピンと張ります。②ヒモを持つ高さによって、「ぞうさんのおうち」「キツネのおうち」「リスのおうち」と複数の高さを設定します（例えば、膝の高さなら「リスのおうち」、腰の高さなら「キツネのおうち」など）。③残りの1人がヒモの下をくぐって動物の名前で「○○さん、こんにちは」とあいさつします。④ヒモに引っかかったら、交代です。（ヒモを持つ2人のうち、どちらから交代するか決めておきましょう）

※ヒモの高さはヒモを持っている子たちが設定してもいいですし、くぐる子が指定してもいいでしょう。遊んでいる最中にヒモの高さが変わらないよう、ゴムの輪をヒモの両端につけて、体に引っ掛けるようにしても構いません。いくつかのグループに分かれて行う場合は、大人が「○○さんのおうち！」と指定してもいいでしょう。

■かくれんぼ 走る ＋ 空間認知能力 反応・変換能力 （NO.108）

かくれんぼは、幼児にとてもいい遊びです。自分が見えなければ相手も見えないと思っていることも多いため、隠れたつもりでも、体の一部が出ていることがあります。かくれんぼを通して、自分の体の位置感覚を覚えていきます。また、どこならオニには見えないのか、方向や位置を考えられるようになっていきます。

■だるまさんが転んだ 歩く 走る 止まる ＋ 反応・変換能力 バランス能力 （NO.109）

幼児にとって「動く」「止まる」（ストップ＆ゴー）を繰り返す遊びはとても重要です。①オニが背を向けて「だるまさんが転んだ」と言っている間は、子は動くことができます。②オニが振り向いた時に、動いた子はオニに捕まり、オニと手をつなぎます。③捕まらないように、「動く」「止まる」を繰り返しながら、オニに近づいていきます。④子が「切った！」と言って、オニと捕まっている子の手を切ると、オニが「ストップ！」と言うまで逃げることができます。

⑤手を切った子が「大股○歩、中股○歩、小股○歩」と指示します。⑥オニは指示された歩数を跳んだり歩いたりして、子を捕まえます。

バリエーション↑ A）止まるときの姿勢を変えてみましょう。脚をそろえるとバランスを取るのが難しくなります。B）「だるまさんが『きりん』になった！」と動物を指定し、そのポーズをとっても楽しめます。大人は少しゆっくり「だるまさんが・・・」と言ってあげましょう。最初はわかりやすいポーズ数種類で行いましょう。

そのほか大勢で行う遊び

ネズミさんのお引っ越し(No.14)、子つなぎオニ(No.15)、影踏み(No.16)、玉入れ(No.19)、大縄(No.20)、パラシュートバルーン(No.41)、オオカミさん今何時？(No.51)、ドリブルゲラウェイ(No.65)、ラダーステップ(No.140)、押しくらまんじゅう(No.136)、いろオニ(No.138)、高オニ(No.139)、オオカミとウサギ(No.141)、タオルでチャンバラ鬼ごっこ(No.148)、はないちもんめ、サッカー遊びなど

コラム ルールの遵守

　子どもにはルールの大切さを教えることも必要です。しかし幼児期の子どもたちには頭で理解するというよりも、ルールを守って遊んだ方がみんな楽しい！ということを感情で理解してもらいたいと思います。
　子どもたちは時に残酷です。ルールを守って遊ばない子を仲間はずれにしたりします。しかしルールを守らずに嫌がられていることがわかれば、それを直そうとしますし、それが直ればすぐに仲直りして楽しそうに遊び始めるのも子どもです。子どもたちには遊びを通して、ルールを守る大切さ、楽しさを感じてほしいものですね。

親子で遊ぶ

お父さん、お母さんと一緒に家や近所で行ってほしい遊びを中心に紹介します。子どもはお父さん、お母さんと遊ぶのが大好きです。お子さんと一緒に楽しく遊んでください。

■バランス立ち
バランス能力 (NO.110)

例1: 親が仰向けに寝て、お腹の上に子どもが立ちます。
例2: 親が膝を曲げ、手を地面について馬の格好をします。その背中の上に子どもが立ちます。
例3: 親は膝を立てて座ります。その膝の上に子どもが立ちます。最初は必ず手で支えてあげましょう。だんだん手の支えを緩くしていきます。少しずつ手を離したり、親の体を揺らしたりして難しくしていきましょう。

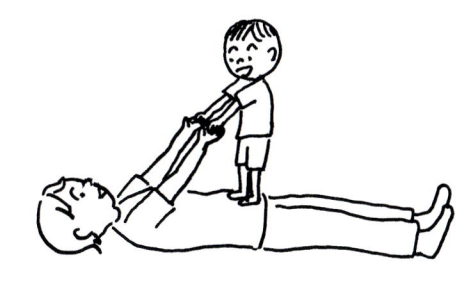

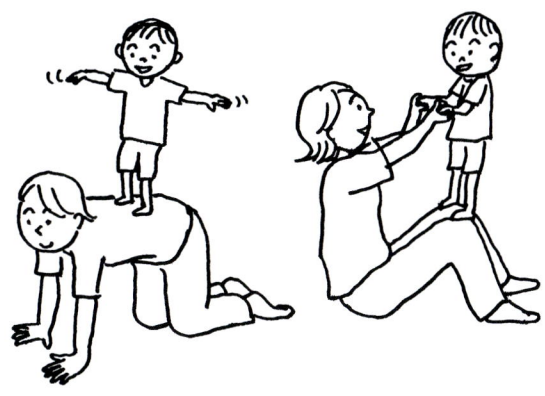

■地球一周 **バランス能力** (NO.111)

①親が子どもを抱き上げます。②子どもは地面に足をつかないように、抱っこ⇒おんぶ⇒抱っこと親の体を一周します。
※最初は親が回りやすいように手助けしてあげましょう。
バリエーション↑ 親は子どもを抱きながら、横歩きをしたり、回ったりしてみましょう。

■人間ハンモック **逆さ感覚 空中感覚 ＋ バランス能力** (NO.112)

①大人2人が立ち、子どもの両手首・両足首をそれぞれ持ちます。②子どもを同じ方向にタイミングよく揺らします。
注意 自分の握力を過信して、大きく振りすぎないように注意してください。ケガのもとになるので、子どもの手首を持つようにしましょう。

■ロケット **跳ぶ 蹴る 足の力感** (NO.113)

①親は後ろからしゃがんでいる子の肩を両手で押さえます。②子どもがジャンプしようとするのを、しばらく(2〜3秒)手で押さえてエネルギーを蓄えさせます。③親が「発射!」と手を放したら、子どもは上に向かって大きくジャンプします。子どもは手を上に伸ばしてロケットの先端の形を作りましょう。

実践編 71

■合体ロボット歩き 歩く 逆さ感覚 ＋ リズム協調能力
⇒ マット運動につながる遊び （NO.114）
①子どもは親の足の甲に両足を乗せて立ち、親は子どもの両腕をつかみます。②その状態のまま、親子で足の動きを合わせて一緒に歩きます。③どちらかが「右」、「止まれ！」などと指示を出して方向転換しましょう。
バリエーション↑ 子どもが逆立ちします。足首をしっかり持って息を合わせて一緒に動きましょう。

■タオルでパラシュート
バランス能力 （NO.115）
①長めのタオルを使い、子どもの背中から脇にタオルを通し、親はタオルの両端を持ちます。②タオルで子どもを持ち上げます。③上げ下げしたり、ぶらぶらしたり、移動したりします。
バリエーション タオルをお尻の下に通して、ブランコのようにしても楽しめます。お尻の下にくる部分を広げて、タオルでお尻を包み込むようにしましょう。

■ソリごっこ しゃがむ 座る 滑る ＋ バランス能力 （NO.116）
①バスタオルを広げ、その上に子どもはしゃがんで座ります。手でバスタオルをしっかり持たせます。②親がタオルの端を引っ張って子どもを乗せたまま移動します。③慣れてきたらタオルから手を離してもいいですが、スタート時に急に加速せず、スタート時はタオルを持つなど、子どもがひっくり返らないように注意しましょう。
バリエーション↑ しゃがんだり、スノーボードのように立ってみましょう。
注意 スピードに乗ったまま急カーブなどを切らないように注意してください。思った以上に外に振られ、壁などに激突することがあります。

■新聞破りジャンプ 跳ぶ ＋ 連結動作能力 （NO.117）
①親は子どもの上に新聞紙を垂直になるように広げて持ちます。②子どもはジャンプしてその新聞紙をつかんで破ります。どこまで破れるか何度も挑戦してみましょう。

■脚跳び越し 跳ぶ ＋ リズム協調能力 反応・変換能力 （NO.118）

①親は脚を閉じて座り、両手をつないで子どもが脚をまたいで立ちます。②親が脚を開いたり閉じたりするタイミングに合わせて、子どもは脚を閉じたり開いたりしながらジャンプします。③最初は親が手で、跳ぶタイミングを作ってあげましょう。「開いて」「閉じて」と声をかけると跳びやすくなります。

■空中前回り (鉄棒)

回る 逆さになる ぶら下がる ＋ バランス能力 ⇒ 鉄棒につながる遊び （NO.119）

注意 その場で回すと子どもが頭を打ちます。子どもの手首を持ち、回ると同時に上に腕を引き上げるようにしてください。子どもの手は親指を中にして握らせます。

■親子逆上がり (鉄棒)

回る 逆さになる ぶら下がる ＋ バランス能力 （NO.120）

①親指を上にして子どもの手首を持ちます (親指が子どもの手先側)。子どもは親の太ももあたりを駆け上がるようにして逆上がりをします。②着地の時に腕を下げながら、お尻側に倒します。③着

地したら腕はなるべく早めに放しましょう。

注意　顔、アゴを蹴られないように気をつけましょう。

そのほか親子で行うのにおすすめの遊び

風船を膨らませる(No.3)、親子エレベーター(No.7)、ボールキャッチ(No.13)、ジャンケン股開き(No.23)、浮島で遊ぶ(No.26)、相撲ごっこ(No.29)、おしり掃除機(No.92)、手押し相撲(No.94)、タオル引き相撲(No.96)、魚焼き(No.97)、お尻歩き(No.152)、背中歩き(No.153)、お腹ボールキック(No.157)、馬跳び乗り(No.167)、高い高い、肩車、お馬さんごっこなど

コラム　先回り指導をしない

　スポーツ指導において、必要以上に指導者や親が「手はこうでしょ、脚はこう！」などと指導してしまうことを「先回り指導」と呼んでいます。先回り指導をしてしまうと、子どもの試行錯誤の時間が奪われ、その技術を身につける過程で得られる大切な能力を獲得できません。登山が大変だからとヘリコプターで山頂まで送っていけば、登頂はできますが、登山をする能力は身につかないのです。

室内で遊ぶ

室内ではどうしても運動量が減ります。しかし、室内での遊びをどのように工夫するかが大切です。ここではあまり広くない室内でもできる遊びを中心に紹介します。

■お腹ジャンプ 連結動作能力 リズム協調能力 （NO.121）
⇒ マット運動につながる遊び

①うつぶせに寝ます。②えび反りになって、自分の手で足首をつかみます。③その状態から、お腹を浮かせるようにジャンプします。
※床は硬めのマットがおすすめです。床が固すぎると痛いですし、柔らかすぎるとジャンプしにくくなります。

バリエーション↑　A）リズムよく連続ジャンプをします。B）腕と脚をクロスさせて持ってみましょう。

バリエーション↓　お腹を床につけたまま手脚と頭を同時に高くしたり、低くしたりします。素早くできるようにしていきましょう。

■仰向けセルフ＆キャッチ 投げる 捕る ＋ 用具操作能力 （NO.122）

①仰向けに寝ます。②顔に当たってもケガをしない、柔らかいゴムまりなどを垂直に投げて、キャッチします。③キャッチする場所を「顔の前」や「胸の前」と決め、そこに落ちてくるように投げます。

バリエーション↑　A）新聞紙を丸めてボールにしてもいいでしょう。B）ボールに回転を与えて投げてみましょう。C）キャッチせずにはたいてみましょう。

ポイント　仰向けに寝ることにより、体が固定され、腕の動きだけに集中できるので、ボールの操作能力を高めます。新聞を丸めたものを使うと、指先の感覚やボールの動きが変化するので、とてもいい遊びになります。

■足あげキャッチ
蹴る 捕る ＋ 反応・変換能力 用具操作能力 ⇒ 上手な走りにもつながる （NO.123）

①片方の足の甲にお手玉やタオルを丸めたものなどをボールとして置きます。②そのボールを足で上に蹴り上げます。③それを自分でキャッチします。膝を上げる動きが上手にできると、走る動きにもつながります。

バリエーション↑　両膝や両足にボールを挟んでジャンプするようにボールを上に投げてみましょう。両足に挟む場合は、着地時に転倒しないよう注意しましょう。

■**お尻バランスＶ（ブイ）！** `バランス能力` ⇒ 逆上がりにつながる遊び （NO.124）

①お尻と手を床につけて、体でＶの字を作ります。②手を床から離してバランスを取ります。③手を横に広げたり、上に上げたりしながら、さらにバランスをとります。
`バリエーション` 体を横向きにして、片手と脚で体を支え、片手を上にあげるＴ字バランスにも挑戦してみましょう。

■**手押し車（人力車）**
`持つ` `手で支える` ＋ `リズム協調能力` ⇒ 跳び箱につながる遊び （NO.125）

①１人は腕立て伏せの姿勢をとります。②もう１人がその両足首を持ち上げ、呼吸を合わせて前進します。③手で歩く人のペースに、持つ人は合わせます（逆にすると危険です）。スピードを変化させたり、方向転換したりしてみましょう。
`バリエーション` ２人が同じ方向を向くのを「手押し車」といい、反対を向くのを「人力車」と言ったりします。人力車もやってみましょう。

≪新聞使って≫

■**新聞、丸めて開いて** `用具操作能力` ⇒ 手先・足先の器用さ （NO.126）

①新聞紙を１枚広げて机や床の上に置きます。②片手でそれを小さく丸めます。なるべく小さく丸めましょう。③可能な限り丸めたら、今度は同じく片手でそれを広げていきます。
`バリエーション` 手の小さな子は、新聞を小さく切ってあげるといいでしょう。足も使ってやってみましょう。新聞を破ってはいけません。

■**新聞ボール遊び**
`投げる` `捕る` `打つ` ＋ `反応・変換能力` `空間認知能力` `用具操作能力` （NO.127）

新聞紙を丸めて作ったボールを投げたり、手のひらや新聞で作った棒で打ったりします。新聞を丸めたボールは、投げると不規則な変化をしますし、バウンドも不規則になります。そのため反応・変換能力がより高められます。

■**新聞ズバッ！** `たたく` `蹴る` `打つ` `振る` `素早い動き` ＋ `用具操作能力` （NO.128）

３人以上で行います。①２人が新聞紙を垂直にピンと広げて持ちます。②ボクシングのようにパンチしたり、空手のようにキックしたり、剣道のように棒で打ったりして、新聞紙をズバッと破ります。

■**ちぎってポーズ** `空間認知能力` `意識・思考能力` （NO.129）

①新聞紙を足や膝などいろいろな体の場所を使って破ります。②破った新聞紙の切れ端の形からイメージできるものを、体で表現します。③切れ端の形がバナナに見えたら、バナナのポーズをしてみましょう。

■**山のぼり** 登る 滑る 着地する 転がる 駆け上がる ＋ 遊び方によってさまざまな能力
(NO.130)

①跳び箱の上にマットをかぶせてお山を作ります。②お山に登ったり、滑り降りたり、飛び降りたりします。③子どもたちの発想で自由に遊びましょう。

■**ジャンピングターン**
跳ぶ 回転する ひねる ＋ バランス能力 連結動作能力 リズム協調能力 （NO.131）

その場でジャンプし、ジャンプしている間に回転します。
※最初は無理せず90度の回転から始めても構いません。

■**一番持てるのだ～れ？** 持つ ＋ 用具操作能力 （NO.132）

ボールをたくさん用意し、いくつ持てるかを競います。

バリエーション←→ ボールのサイズを変えてみましょう。サイズの違うボールを混ぜて、大きさによって点数を変えても良いでしょう。どれだけたくさんのボールを一度に運べるかを競っても楽しいですね。

そのほか室内でおすすめの遊び

うさぎとかめ (No.1)、起き上がってごあいさつ (No.6)、片脚ポージング (No.22)、ジャンケン股開き (No.23)、足指しゃくとり虫 (No.27)、足踏みゲーム (No.31)、ギッコンバッタン (No.37)、引っ越し屋さん (No.38)、後出しジャンケン (No.46)、旗あげゲーム (No.48)、手たたき歩き (No.59)、足指ジャンケン (No.81)、グーパーホッピング (No.83)、パンチングボール (No.84)、手押し相撲 (No.94)、新聞協力ジャンプ (No.146)、タオルハサミ引き (No.147)、お尻歩き (No.152)、背中歩き (No.153)、腕やじろべえ (No.172) など

コラム　遊びの環境と運動量

外での遊びと、室内での遊びを比べると、室内での遊びの方が運動量(歩数量)は少なくなります (P24の図を参照)。当然と言えば当然ですね。もちろん同じ室内でも広さや、遊び道具などによっても運動量は変わります。だからといって「室内でもたくさん動ける工夫をしよう！」というのも良いのですが、発想を転換し、室内ならではの効果的な運動を工夫してはどうでしょうか。床を滑る遊び、寝っ転がる遊び、指先の器用さを鍛える遊びなどいっぱいあります。

また、雨の日は気圧が下がっていて、子どもたちの気持ちも少し落ち着いていますから、丁寧にじっくり行ったり、自分の動きを落ち着いて観察しやすい状態だといえます。手先、足先の器用さを高める遊びや、バランス遊びなどを多めに取り入れると良いかもしれません。晴れた日の外遊びと、雨の日の室内遊びにメリハリをつけていろいろなタイプの遊びを行いましょう。

用具がいらない遊び

　ちょっと時間があるときに、用具がなくてもできる遊びです。子どもは用具がなくても楽しく遊びます。一人で行う遊びは、大人が見本を見せてあげると、子どもも楽しくまねしてくれると思います。

■足ぽんジャンプ　跳ぶ　たたく　手で支える　逆さになる　＋　反応・変換能力　（NO.133）

　ジャンプして、空中で足の裏同士を合わせ「ポン！」と打ちます。空中で何回打てるかチャレンジしてみましょう。
※複数回チャレンジするときは、着地時に転びやすいので注意しましょう。
　バリエーション　A）両手を床について、逆立ちのように勢いをつけて足を上げ、足を打ちます。B）膝同士でたたいてみたり、片脚でいろいろな場所をたたいてみましょう。

■一人知恵の輪　（NO.134）

　①床に座るか、仰向けに寝ます。②脚をクロスさせ、右手で左足のつま先を、左手で右足のつま先をつかみます。③手前にある手足と、奥にある手足を離さずに入れ替えます。
　バリエーション↑　あぐらをかいて座り、つま先をつかんだままあぐらの脚を入れ替えます。

■もしもしカメよ（手遊び）
　腕の曲げ伸ばし　手の開閉　＋　リズム協調能力　反応・変換能力　（NO.135）

　①ボクシングのパンチをするように、片腕を伸ばし、もう一方の片腕は曲げて胸につけます。②伸ばした腕の手は「パー」に、曲げた腕の手は「グー」にします（A）。③「もしもしかめよ〜」を歌いながら、リズムよく腕を入れ替えます。④伸ばした腕を「グー」、曲げた腕を「パー」のバージョン（B）もやってみましょう。

バリエーション↑　歌の区切りの良いところで、AとBを入れ替えます。伸ばした腕が「パー」だった場合は途中で「グー」に切り替えることになります。タイミングはわかりやすいところから始めて、慣れてきたら不規則に合図を送って切り替えるようにします。

■押しくらまんじゅう
　押す　引く　踏ん張る力　＋　リズム協調能力　反応・変換能力　バランス能力　（NO.136）
　①外側を向いて輪になります（4人以上推奨）。②両横の人と互いに腕を絡めます。③「おしくらまんじゅう、押されて泣くな！」とかけ声をしながら、押したり引いたりします。
※冬に体を温めるためによく利用される伝承遊びです。

■ずっころばし反応ゲーム　握る　＋　反応・変換能力　（NO.137）
　①内側を向いて輪になります（3人以上推奨）。②「ずいずいずっころばし」を行う時のように、左手でグーを緩めた輪っかを作り、右手は人差し指だけ立てた形を作ります。③右手の人差し指を、右隣の人の指の輪に入れます。④外にいる大人が手を「パン！」とたたいたら、自分の人差し指を輪から抜き、友だちの人差し指は抜けないようにぎゅっと握ります。⑤友だちの指を握り、自分の指が抜けたら勝ちです。どちらかできればあいこ、両方ダメなら負けです。⑥右手と左手を変えてやってみましょう。
　ポイント　手をたたく仕草が見えないように、目をつぶってやってみるとスリルが増します。

■いろオニ　走る　＋　空間認知能力　反応・変換能力　（NO.138）
　オニごっこの一つです。①まずオニを1人決めます。②オニが色を指定します。「赤色！」と言ったら、子は赤色のものに触れなければなりません。③指定された色に触る前にオニにタッチされたら、オニを交代します。
　バリエーション　○○色の△△！というやり方もありますが、大人が指示するより、そういった発想が子どもから出てくるのを待ちましょう。

■高オニ　登る　つかむ　降りる　走る　＋　バランス能力　空間認知能力　（NO.139）
　①子は高い所にいる間はオニに捕まりません（タイヤの上、鉄棒の上、うんていの上など地面に足がついていない状態）。②オニが、あらかじめ決めておいた数を数え始めたら、その数を数え切らないうちに、子は一度地面に降りて、違う場所に移らなければなりません。
　ポイント　高いところがどれくらいの高さを指すのか、決めておきましょう。地面より高い所とか、膝より高い所などと決めておくといいでしょう。

■ラダーステップ　走る　＋　リズム協調能力　空間認知能力　反応・変換能力　（NO.140）
　①2～3人が横に並び、脚を広げて座ります。②残った1人は座っている人の脚を踏まないよう、脚と脚の間をリズムよく走り抜けます。③すべての脚の間を必ず踏むようにします。
　ポイント　最初、座っている人は脚を大きく開いてあげましょう。慣れてきたら、脚の間隔を狭くしていきます。
　バリエーション←→　横向きのステップもやってみましょう。横向きの時には、すべてのマ

スに右足と左足が入る(途中で足がそろう)方法と、1つのマスに1つの足だけが入る(足がそろわずにクロスして次のマスに入る)方法があります。

■**オオカミとウサギ** 走る ＋ 空間認知能力 反応・変換能力 （NO.141）

　どろけい(けいどろ)の変化版です。ネーミングは子どもたちに親しみやすいものであれば何でもいいでしょう。ここでは「オオカミとウサギ」とします。オオカミチームがウサギチームを捕まえます。

　①オオカミの家(陣地)とウサギの家(陣地)を作ります。オオカミはウサギがウサギの家にいる時には、捕まえることができません。②まず、ウサギが1羽以上オオカミの家に捕まっている状態からスタートします。③オオカミチームはウサギチームを追いかけます。④捕まったウサギはオオカミの家に捕らえられます。⑤捕らえられたウサギは、捕まっていない自由なウサギにタッチされたらまた逃げることができます。⑥すべてのウサギを捕まえたらオオカミの勝ち、すべてのウサギがウサギの家に入ったらウサギの勝ちです。

> **そのほか用具のいらない遊び**
>
> いろいろロケロコ(No.5)、足踏みゲーム(No.31)、スキップ(No.35)、ハイタッチ(No.40)、手たたき歩き(No.59)、ムカデオニ(No.101)、お腹ジャンプ(No.121)、ジャンピングターン(No.131)、大股カニさん歩き(No.158)、腕ジャンプ(No.171)など

身近なものを使った遊び

　自宅などで運動をするときに、身近なものを使って遊ぶことは、創造力も高めます。新聞やタオルなど身近なものを使って、運動をいろいろ工夫してみましょう。

新　聞

■**新聞乗りジャンケン**　`立つ` ＋ `バランス能力` （NO.142）

　①2人組でそれぞれ新聞紙の上に立ち、ジャンケンをします。②ジャンケンに負けたら、負けた人は新聞を半分に折っていきます。③新聞の上に乗っていられなくなった方が負けとなります。最後は片脚で立っても構いません。

■**新聞ランナー**　`走る` `スピードのコントロール` ＋ `意識・思考能力` （NO.143）

　新聞を広げて胸の前に置き、新聞が落ちないように走ります。落ちないように全力で走ります。新聞を落とさずにどれだけゆっくり走れるか挑戦してみましょう。

`ポイント`　子どもたちは変な姿勢をとって無理に落とさないようにしようとしますが、それでも構いません。その後、きれいなフォームでどれだけゆっくりできるか挑戦していきましょう。

`バリエーション↑`　新聞紙を折り曲げて小さくしていき、落とさずに走れるサイズまでチャレンジしてみましょう。

■**新聞輪投げ**　`投げる` ＋ `空間認知能力` `用具操作能力` （NO.144）

　①新聞を棒状にし、曲げて輪を作ります。輪の大きさは、それぞれ違っても構いません。②ペットボトルを数本立てて、輪投げの的にして輪を投げます。

`ポイント`　ペットボトルに砂など少し入れると安定します。

`バリエーション←→`　的の高さを変えたり的を横にしてみましょう。

■**新聞お盆**
　`持つ` `運ぶ` `歩く` `走る` ＋ `バランス能力` `用具操作能力` （NO.145）

　①新聞を広げてお盆のようにし、両手で持ちます。②その上にボールなどを乗せ、落ちないように運びます。③風船のように軽いもの、注意しないと重さで破れてしまいそうな野球ボールのようなものなど、いろいろなものを運んでみましょう。

`バリエーション←→`　2人以上で協力して運んでみても面白いですね。

実践編　81

■新聞協力ジャンプ 跳ぶ ＋ リズム協調能力 空間認知能力 （NO.146）

①1人が新聞の上に乗り、もう1人が新聞の端を両手でつかみます。②新聞に乗っている人がジャンプしたら、その間にもう1人が新聞を前方へずらします。③新聞に乗っていた人は、前方にずらした新聞の上に着地するようにジャンプします。④❷❸を繰り返し、目的地まで移動します。

そのほか新聞を使った遊び

紙鉄砲（No.67）、新聞ジャンプ（No.86）、新聞破りジャンプ（No.117）、新聞、丸めて開いて（No.126）、新聞ボール遊び（No.127）、新聞ズバ！(No.128)、ちぎってポーズ（No.129）、紙飛行機、新聞ホッケー、チャンバラごっこ、新聞やり投げなど

タオル

■タオルハサミ引き 持つ 引く 挟む ＋
バランス能力 反応・変換能力 （NO.147）

①膝や肘などいろいろな所にタオルを挟んで、綱引きのように引き合います。②相手のタオルを引き抜くか、中央のラインまで相手を引っ張ってきたら勝ちとなります。

バリエーション↑ 背中合わせで行ってみたり、目隠ししても面白いでしょう。難しい時は、普通の綱引きのように手で端を持って行います。手や肘で引っ張る時は、脚を動かしてはいけないとルールを決めてもいいでしょう。

■タオルでチャンバラ鬼ごっこ 空間認知能力 用具操作能力 反応・変換能力 （NO.148）

①円の中心にいるオニにタオルが届くか届かないかくらいの大きさの円を描きます。円の中にオニ、外に子を置きます。②子がオニを、オニが子をタオルではたきます。③子がオニをはたいたら、抜けることができます。④オニにはたかれた子、あるいは最後の一人となった子

は、オニと交代します。
※最初は子の動ける範囲を半分に制限した方が遊びやすいでしょう。
ポイント はたく場所は下半身のみに制限した方が安全です。
バリエーション←→ A）バスタオルや手ぬぐいなど、大きさや材質を変えてみましょう。
B）オニと子のタオルの種類を変えてみましょう。

そのほかタオルを使った遊び

足指しゃくとり虫（No.27）、タオルバクダン（No.49）、タオルはたき（No.76）、タオルでパン!（No.77）、タオル引き相撲（No.96）、しっぽ取り鬼ごっこ（No.103）、タオルでパラシュート（No.115）、ソリごっこ（No.116）、タオル絞り、ぞうきんがけなど

缶、ペットボトル

■空き缶キャッチボール 捕る 投げる ＋ 空間認知能力 用具操作能力 （NO.149）

①空き缶の片側を缶切りなどで切り取ります（手をケガしないように気をつけましょう）。②その缶に入るボールを使ってキャッチボールをします。③缶の底に、ボールがスコンと入るように缶の角度に気をつけてキャッチしましょう。
※ボールを投げるときは手で投げます。ボールは空き缶のサイズに対して十分小さいものから始めましょう。新聞を丸めたボールなどでも遊べます。
バリエーション↑ A）投げる距離を伸ばしてみましょう。B）投げる時に、缶から直接投げてみましょう。

■空き缶乗せバランス運び 歩く 走る ＋ バランス能力 （NO.150）

①空き缶をおでこや頭の上に載せます。②缶を落とさないように体でバランスをとります。③慣れたら缶を落とさないように歩いたり、走ったりしてみましょう。
バリエーション 空き缶を板の上に載せて落ちないように両手あるいは片手で運びます。
バリエーション↑ ボールや紙くずなど、いろいろな道具でやってみましょう。

■鬼さんこちら 聴く ＋ 空間認知能力 （NO.151）

①１人が目隠しをします。他の人が空き缶を２つ使って音を鳴らし、音の鳴る方へ誘導します。空き缶を棒などでたたいたりしてもいいでしょう。

そのほか身近なものを使った遊び

缶蹴り、缶を使った積み木、空き缶倒し、ペットボトルロケット、くずかごシュート、靴飛ばし（No.44）、うしろ紙飛ばし（No.155）など

小学校体育につながる遊び

体育嫌い、運動嫌いになった理由として、小学校の体育で「足が遅かったから」「鉄棒で逆上がりができなかったから」などが多かれ少なかれあります。幼児期に逆上がりができる必要はありませんが、逆上がりにつながるような動きをたくさん経験しておくとよいでしょう。その例としていくつか代表的な動きを紹介します。

上手に走るための遊び

■お尻歩き
股関節・骨盤の動きをよくする　姿勢をよくする　＋　バランス能力　（NO.152）

①長座して座ります。膝を軽く曲げ、脚を床から浮かせます。②お尻を片方ずつ動かして、移動します。
※難しい時は、軽くかかとを床につけても構いません。

うしろから見たところ

■背中歩き　肩甲骨の動きをよくする　姿勢をよくする　＋　バランス能力　⇒　投げ動作にもつながる遊び　（NO.153）

①仰向けに寝て、脚は浮かせます。②肩甲骨を動かして背中で移動します。
※難しい時は、軽くかかとを床につけても構いません。

■ひざキック　股関節の動きをよくする（屈曲）　蹴る　＋　バランス能力　⇒　鉄棒につながる遊び　（NO.154）

膝（のやや上）を使ってボールを前方斜め上へ蹴ります。2人組でキャッチボールのようにやってもいいでしょう。1人で行う時は、真上に蹴るようにします。

■うしろ紙飛ばし　股関節の動きをよくする（伸展方向）　蹴る　＋　バランス能力　⇒　鉄棒につながる遊び　（NO.155）

①直立して、右足の下にコピー用紙などを1枚敷きます。

②右足を前方に振り上げてから、素早く振り下ろし、紙を後方へ飛ばします。
※スパッとはたくようなイメージです。左足でもやってみましょう。

■つま先グルグル
股関節の動きをよくする ＋ バランス能力 リズム協調能力 （NO.156）

①2人で向かい合い、片手で握手をします。②膝を曲げて片脚を前方に上げます。③お互いのつま先がぶつからないように糸巻きのようにグルグル回します。④時計回りと反時計回り、両方行いましょう。

■お腹ボールキック 腹圧 骨盤の動き ＋ バランス能力 リズム協調能力 （NO.157）

お腹でボールを飛ばす遊びです。立った状態でお腹をへこまして構えます。そこへ軽くボールを放り、お腹を突き出す力ではね返します。

バリエーション←→ 寝転んで、お腹の上に置いたボールをお腹の力だけで上に飛ばしてみましょう。

■大股カニさん歩き
股関節の動きをよくする 歩く しゃがむ ＋ バランス能力 連結動作能力 （NO.158）

①横向きにカニさん歩きをします。②大股で膝の高さと腰の高さが同じになるように、しっかり腰を落として歩きます。③腕も一緒に大きく動かしましながら、リズムよく歩きましょう。

ポイント つま先は外側に向け、膝をつま先方向に曲げるようにしましょう。膝が前に出てしまうと股関節がしっかり動きません。

バリエーション↑ A）前の脚の膝をしっかり曲げて腰を落とすようにして歩きます。B）腕と脚の動きを反対にしてみましょう。

> **そのほか上手に走るための遊び**
>
> パイナップルジャンケン（No.4）、足指しゃくとり虫（No.27）、足踏みゲーム（No.31）、スキップ（No.35）、足指ジャンケン（No.81）、ラダーステップ（No.140）、キックボード、ハイハイ、三輪車など

上手に投げるための遊び

投げる動作は、意外に複雑な動きです。幼児期に大人が投げるようなかっこいいフォームを身につけることは難しいですし、それを目指すべきではありません。小学校に上がってから、かっこいい投げ方が身につけられるように、その基礎となる遊びで、下地を作りましょう。

■メンコ 投げる ＋ 用具操作能力 連結動作能力 （NO.159）

①指先でメンコを軽くつかみます。②しっかり体を立てた状態から、大きく振りかぶって、床にたたきつけましょう。

注意 初めから前かがみの姿勢にならないように注意しましょう。

■フリスビー 投げる ＋ 空間認知能力 用具操作能力 （NO.160）

最初はテニスのバックハンドをするようにフリスビーを投げます。テニスのフォアハンドのような投げ方にも挑戦してみましょう。

バリエーション←→ 遠投や的当て、キャッチボールなどに用います。

■クォーターバックスロー 投げる ＋ 用具操作能力 （NO.161）

アメリカンフットボールという競技でパスを出す人を「クォーターバック（QB）」と呼び、花形のポジションです。クオーターバックの選手のように、楕円のボールをスクリューのように回転させて投げます。

ポイント 小指が前方を向くようにして投げると投げやすいでしょう。

※難易度の高い遊びです。最初は新聞やチラシで作ったやりで、やり投げから始めてもいいでしょう。やりを少しずつ太くしていきましょう。

■ロングスロー（サッカー） 投げる ＋ 用具操作能力 連結動作能力 （NO.162）

サッカーのスローインの投げ方です。しっかり体を反って胸を広げ、両手で遠くまで投げましょう。

> **そのほか上手に投げるための遊び**
>
> 高く投げる（No.56）、遠くへ投げる（No.57）、紙鉄砲（No.67）、ヘビ（No.73）、水切り（No.74）、タオルはたき（No.76）、タオルでパン！（No.77）、背中歩き（No.153）、大股カニさん歩き（No.158）、ダーツ、投げる遊び、ラケットなどで打つ遊びなど

マット運動の基礎となる遊び

でんぐり返しや側転などにつながる遊びです。

■ゆりかごゆらゆら　バランス能力　⇒　でんぐり返し・鉄棒につながる遊び　（NO.163）

①マット（床）の上に寝転がり、足を曲げて手で抱えます。②ゆらゆらゆりかごのように前後にゆらゆら揺れ（揺らし）ます。③揺れをだんだん大きくしていきます。④揺れを小さくしたり、大きくしたりとコントロールしましょう。

■背面倒立　逆さ感覚　＋　バランス能力
⇒　でんぐり返し、側転・鉄棒ににつながる遊び　（NO.164）

仰向けに寝て、手を腰に添え、脚をピンと真上に伸ばします。肘で体を支えるようにします。

バリエーション↑　脚を自転車こぎのように動かしたり、開いたり閉じたりしてみましょう。

■お芋転がり　回る感覚　＋　バランス能力　⇒　側転につながる遊び　（NO.165）

①床（マット）に寝転がり、両手を頭上にピンと伸ばします。②そのまま横方向へ回転します。

ポイント　肘や膝で床を押さえないようにしましょう。体のひねりのみで回転するようにします。

■台跳び越し
跳ぶ　**手で支える**　＋　バランス能力　反応・変換能力
⇒　側転へつながる遊び　（NO.166）

①跳び箱の方を向いて立ちます。台の高さは腰のあたりが目安です。②跳び箱の端に両手をつき、体を返して跳び箱の反対側へジャンプします。③跳び箱の方を向いて着地します。④飛び越える時の脚の高さをだんだん高くしていきます。

バリエーション↑　台を低くしていき、最終的には台なしで行います。足下の床に目安となるような線を引き、その線をまたぐように手をついて行います。

ポイント　A）手を同時ではなく、手前につく方からつきます。B）スタート時に両手を上に伸ばし、背筋を伸ばしてから行いましょう。

> **そのほかマット運動におすすめの遊び**
>
> ギッコンバッタン(No.37)、魚焼き(No.97)、2人でローリング(No.98)、人間ハンモック(No.112)、合体ロボット歩き(逆さ)(No.114)、お腹ジャンプ(No.121)、ブリッジ、逆立ちなど

跳び箱につながる遊び

■**馬跳び乗り** `跳ぶ` `手で支える` `脚を広げる` ＋
`リズム協調能力` `反応・変換能力` `連結動作能力` （NO.167）

①大人が四つん這いになって馬になります。布団を丸めたもので代用してもいいでしょう。②子どもがお尻の方から跳び箱のように背中に跳び乗ります。

`バリエーション↑` 横から手をつき、90度回転して跳び乗ります（側転につながる）。

■**跳び箱またぎ歩き** `手で支える` `移動する` （NO.168）

①跳び箱の端にまたいで座ります。馬跳び乗りと同様、布団でもいいでしょう。②手を使って、跳び箱をまたいだまま体を前に移動させます。③一番端まで来たら、手で勢いよく体を押し出すようにジャンプして跳び降ります。

■**割りばしパン** `手で支える` ＋ `反応・変換能力` （NO.169）

①腕立て伏せの姿勢をとります。②合図に合わせて、足を開いたり、閉じたりします。

`ポイント` 慣れてきたら、お尻が上がりすぎたり、下がりすぎたりしないようにします。

`バリエーション←→` 仰向けでもやってみましょう。

※難しい時は、跳び箱など高い台に手をついて行います。

■**跳んでくぐって**
`跳ぶ` `手で支える` `くぐる` `ハイハイ` ＋ `リズム協調能力` `反応・変換能力` （NO.170）

①1人が膝をついて馬の姿勢に、もう1人は背中に手をついて跳び箱のように跳びます。②跳び終わったら、その下をくぐります。トンネルが小さい場合は、馬の姿勢の人はくぐる時だけ膝を床から離します。

■**腕ジャンプ** `手で支える` ＋ `反応・変換能力` `連結動作能力` （NO.171）

①腕立て伏せの姿勢をとります。②腕を離し、ジャンプします。脚は床から離しません。

`バリエーション↑` ジャンプ中に手をたたいてみましょう。

※難しい時は、膝をついて行います。

■**腕やじろべえ**
`手で支える` ＋ `バランス能力` （NO.172）

①脚を開いて、手を体のすぐ前につきます。②その状態から腕をしっかり伸ばして、お尻を

浮かせます。③脚も浮かせて、バランスを取ります。

バリエーション↑ A) 脚を前後や上下に動かしてみましょう。B) 手で歩いてみます。

そのほか跳び箱におすすめの遊び

スキップ（No.35）、ギッコンバッタン（No.37）、立ち幅跳び（No.58）、グーパーホッピング（No.83）、合体ロボット歩き（No.114）、手押し車（No.125）、台跳び越し（No.166）、ワニさん歩き（No.176）、ケンケンパなど

鉄棒につながる遊び

■**つばめ** バランス能力 （N0.173）

鉄棒の上で、お腹と手を支えにして、同じ姿勢のまま保ちます。

■**鉄棒クレーン遊び** ぶら下がる 逆さ ＋ バランス能力 用具操作能力 （N0.174）

①足がつくくらいの低めの鉄棒にぶら下がります。②地面においてあるボールを足で挟んで、ボールをカゴに移動させます。

バリエーション←→ 足かけで逆さにぶら下がり、手でボールをカゴからカゴへ移動させてみましょう。

■**オーバーヘッドキック** 蹴る 手で支える ＋ 連結動作能力
⇒ 逆上がりにつながる遊び（N0.175）

①仰向けの状態で四つん這いになります。②お腹の真上くらいに、ボールやパンチングボール（P60参照）などをぶら下げます。③地面をしっかり蹴って、脚を上に上げ、ボールを蹴ります。④ボールの位置をだんだん高くしましょう。

ポイント 逆上がりの蹴りと脚振りにつながる遊びです。

バリエーション←→ ボールの代わりに、タオルや手をかざして蹴ってみましょう。

実践編 89

> **そのほか鉄棒におすすめの遊び**
>
> 起き上がってごあいさつ(No.6)、ぶら下がりジャンケン(No.8)、登りばしご(No.9)、タオル引き相撲(No.96)、お尻バランスV(No.124)、ひざキック(No.154)、うしろ紙飛ばし(No.155)、ゆりかごゆらゆら(No.163)、背面倒立(No.164)、うんてい、ろくぼくなど

水泳につながる遊び

■ワニさん歩き 水慣れ 水平に浮く 潜る 手で支える ＋ バランス能力 （NO.176）
⇒ 跳び箱につながる遊び

①浅いプールで腕立て伏せの姿勢をとり、頭だけ水面から出します。②脚を浮かせて、手だけで歩き回ります。可能なら、たまに顔をつけてエサを探すようなしぐさをしてみましょう。

■ラッコ浮き 仰向けに浮く 背泳ぎ ＋ バランス能力 （NO.177）

ビーチ板をお腹の上で抱えて、仰向けになって水に浮きます。

バリエーション↑ A）ビート板を腰の下に置いて、両手でバランスを取ります。B）ビート板を腰の下に置いて、背泳ぎのように手で掻いて進んでみましょう。

■水中サーファー 泳ぐ ＋ バランス能力 反応・変換能力 用具操作能力 （NO.178）

①ビート板を沈め、その上に立ちます。②水の上に出ている部分を少しずつ水中に沈めていき、ビート板をプールの底から少しだけ浮かせます。③ビート板を浮かせたまま、手で漕いで進みましょう。④前や後、横に進み、回転もしてみましょう。

バリエーション A）ビート板に片足で立ってみます。B）2枚のビート板に片脚ずつ立ってみましょう。C）ビート板の枚数を増やして重ね、浮力を大きくして難しくしてみましょう。D）手の動きを平泳ぎやクロールのようにしてみましょう。

> **その他、水泳につながる遊び**
>
> 風船を膨らませる(No.3)、水中モグラたたき(No.10)、浮島で遊ぶ(No.26)、水入れ(No.105) など

参考文献

1) 穐丸武臣、花井忠正他 (2010)：幼児の楽しい運動遊びと身体表現、圭文社
2) 岩崎洋子 (1986)：たのしい運動あそび、チャイルド本社
3) 財団法人日本体育協会 (2005)：公認ジュニアスポーツ指導員養成テキスト＜理論編＞
4) 財団法人日本体育協会 (2005)：公認ジュニアスポーツ指導員養成テキスト＜実践編＞
5) 中村和彦 (2004)：子どものからだが危ない！今日からできるからだづくり、日本標準
6) 日本幼児体育学会編 (2007)：幼児体育「理論と実践」、大学教育出版
7) 前橋明 (2004)：0～5歳児の運動遊び百科、ひかりのくに
8) 前橋明 (2004)：いま、子どもの心とからだが危ない、大学教育出版
9) 前橋明 (2006)：いま、子どもの心とからだが危ない2、大学教育出版
10) 文部科学省幼児期運動指針策定委員会 (2012) 幼児期運動指針ガイドブック
    ～毎日、楽しく体を動かすために～、平成24年3月30日発行
11) 「現代と保育」編集部編 (1996)：鬼ごっこ・ルールあそび、ひとなる書房

遊びリスト

出順	あそび名	解説P	1 身体	2 空間	3 バランス	4 リズム	5 反・変	6 連結	7 用具	8 意・思	一人	少人数	みんな	親子	室内	道具無	身近	体育 走	投	マット	跳箱	鉄棒	水泳
1	うさぎとかめ	29	★			○					○			○	○	○							
2	忍者とお相撲さん	30	◎			○					○			○	○	○							
3	風船を膨らませる	30	◎	○							○			○	○								○
4	パイナップルジャンケン	30	◎		△		○					○		○	○	○		○					
5	いろいろロケロコ	30	★		○				○		○			○	○	○		○					
6	起き上がってごあいさつ	30	★		△		○			○	○			○	○	○						○	
7	親子エレベーター	31	◎											○	○	○						○	
8	ぶら下がりジャンケン	31	★				○				○			○	○							○	
9	登り棒、登りばしご、網を登る	31	◎	○							○				○							○	
10	水中モグラたたき	31	◎	○		○	○				○				○								○
11	ぶくぶくパッ	31	◎						○		○				○								○
12	どっちが重いかな	32	◎					○	○					○	○	○							
13	ボールキャッチ	35	○	★		○			○		○				○					○			
14	ネズミさんのお引っ越し	35	○	★									○		○			○					
15	子つなぎオニ	36	○	★									○		○			○					
16	影踏み	36	○	◎		○							○		○			○					
17	振り子当て	36	○	◎		○		○							○					○			
18	てのひらラケット	37	○	◎		○			○	○					○								
19	玉入れ	37	○	◎					○				○		○					○			
20	大縄	37	○	◎		○	○						○					○					
21	タイヤ渡りジャンケン、あっち向いてほい	38	○		★						○				○	○		△					
22	片脚ポージング	39	○		★		○				○			○	○	○							
23	ジャンケン股開き	39	○		★						○			○	○	○							
24	でんぐり返し、お芋転がり	39	★		◎						○			○	○	○				○			
25	側転	40	○		◎						○			○	○	○				○			
26	浮島で遊ぶ	40	○		◎	○					○			○									○
27	足指しゃくとり虫	41	○		★						○			○	○	○	○						
28	お盆運び	41	○		◎			○			○			○	○								
29	相撲ごっこ	41	○		◎							○		○	○								
30	体の回旋、体側、前後屈運動	41	○		◎						△			△	△	△							
31	足踏みゲーム	41	○		★	○	△				○			○	○		○						
32	行進	42	○			◎					○			△	△								
33	どうぶつ行進	42	○		○	◎				△	○			△	△		○				○		
34	ホッピング	42	○			◎	○				○				○								
35	スキップ	42	○			◎	○				○				○		○						
36	てんてんてまり	43	○			◎		○			○				○								
37	ギッコンバッタン	43	○			◎					○				○							○	
38	引っ越し屋さん	43	○	△		★					○			○	○								
39	ミラーマン	44	○	○		◎	○				○			○	○								
40	ハイタッチ	44	○	○		◎					○			○	○								
41	パラシュートバルーン	44	○	○		★	○					○		○	○								
42	ティーバッティング	45	○	○		◎		○		○				○									
43	2人トランポリン	45	○			★						○		○	○	○							
44	靴飛ばし	45	○		○	◎			○		○												

★ 絵つき　◎ 解説　○ 関連大　△ 関連やや大

出順	あそび名	解説P	1 身体	2 空間	3 バランス	4 リズム	5 反・変	6 連結	7 用具	8 意・思	一人	少人数	みんな	親子	室内	道具無	身近	体育 走	体育 投	体育 マット	体育 跳箱	体育 鉄棒	体育 水泳
45	ネコとネズミ	47	○				★					○			○			○					
46	後出しジャンケン	48	○			○	◎		○			○		○	○	○							
47	ジャンケン握手	48	○				◎					○		○	○	○							
48	旗あげゲーム	48	○				◎		○			○		○	○								
49	タオルバクダン	48	○				★					○		○	○	○							
50	ボール交換パス	48	○	○			◎					○		○	○				○				
51	オオカミさん今何時？	48	○				◎						○			○							
52	ボールストップ	49	○				◎					○		○									
53	あんたがたどこさ	49	○		○	○	★				○			○									
54	腕を振って歩く、走る、スキップ	51	○			○		◎			○			○		○		○					
55	しながらドリブル（まりつき）	51	○			○		◎	○		○												
56	高く投げる	51	○			○	○	◎	○		○								○				
57	遠くへ投げる	51	○			○		◎	○		○								○				
58	立ち幅跳び	51	○			○		◎			○					○						○	
59	手たたき歩き	51	○			○		★			○		○	○		○							
60	ジャンプ遊び、ホッピング遊び	52	○			○	○	◎			○			○		○							
61	竹馬	52	○		○			◎			○												
62	なわとび	52	○			○		◎	○		○		○										
63	なわとび電車	52	○			○		★	○			○											
64	なわとび走り	53	○			○		◎	○		○												
65	ドリブルゲラウェイ	53	○	○		○		◎	◎			○											
66	一人ジャンケン	53	○				○	◎			○				○	○							
67	紙鉄砲	53	○			○		◎			○			○					○				
68	ボール的当て、輪投げ	54	○	○					◎		○								○				
69	ボールハンドリング	54	○						◎		○												
70	ドリブル	54	○				○		◎		○												
71	手のひらリフティング	54	○	○		○			◎		○		○										
72	釣り遊び	55	○	○					◎		○												
73	ヘビ	55	○						◎		○								○				
74	水切り	55	○					○	★		○					○		○					
75	もどれフラフープ	55	○						◎		○							○					
76	タオルはたき	56	○	○					★		○												
77	タオルでパン！	56	○	○		○			◎		○												
78	コマ遊び	56	○			△			◎		○	○		○					○				
79	フラフープ・ラン	56	○					○	◎		○					○							
80	足裏ボールタッチ	56	○	○	○		○		◎	○													
81	足指ジャンケン	57	○						◎	○		○		○	○	○		○					
82	水泳のキック	57	○						◎	○	○			○									
83	グーパーホッピング	60	○			○	○			★				○	○							○	
84	パンチングボール	60	○	○		○				★					○								
85	カベ打ち	61	○			○		○		★					○				○				
86	新聞ジャンプ	61	○	△	○					★				○	○								
87	風船リフティング	61	○	○		○				◎				○	○								
88	ワンバンリフティング（1）	62	○	○		○	○			◎				○									
89	スティックバランス	62	○	○	○			○		◎				○									

遊びリスト

出順	あそび名	解説P	1 身体	2 空間	3 バランス	4 リズム	5 反・変	6 連結	7 用具	8 意・思	一人	少人数	みんな	親子	室内	道具無	身近	体育 走	投	マット	跳箱	鉄棒	水泳
90	ヒモ回し	62	○						○		◎				○								
91	じゃんけんジャンプ	64	○		○	○						◎			○	○							
92	おしり掃除機	64	○		○							★		○	○	○							
93	ワンバンリフティング（2）	64	○	○		○	○					★			○								
94	手押し相撲	65	○		○		○					◎		○	○								
95	おしり相撲	65	○		○		○					◎		○	○								
96	タオル引き相撲	65	○		○		○					◎		○	○							○	
97	魚焼き	65	○		○							◎		○	○					○			
98	2人でローリング	65	○		○							★		○		○							
99	大波・小波	66	○	○								◎											
100	合わせてジャンプ	66	○			○						◎	○		○	○							
101	ムカデオニ	67	○			○						★											
102	転がしドッジ	68	○				○					◎											
103	しっぽ取り鬼ごっこ	68	○				○					◎			○		○						
104	ジェスチャー伝言ゲーム	68	○							○		◎			○								
105	水入れ	68	○	○				○				◎											○
106	風船トス回し	68	○	○		○						◎											
107	玄関入ってこんにちは	69	○	○								★											
108	かくれんぼ	69	○	○			○					◎	○										
109	だるまさんが転んだ	69	○	△	○		○					◎			○		○						
110	バランス立ち	71	○		○									★	○	○							
111	地球一周	71	○		○									◎									
112	人間ハンモック	71	○		○									◎						○			
113	ロケット	71	○											◎									
114	合体ロボット歩き	72	○		△	○								★									
115	タオルでパラシュート	72	○		○									★	○	○							
116	ソリごっこ	72	○	○										◎	○	○							
117	新聞破りジャンプ	72	○				○							◎	○	○							
118	脚跳び越し	73	○			○	○							★	○						△		
119	空中前回り	73	○		○									★	○							○	
120	親子逆上がり	73	○		○									★	○							○	
121	お腹ジャンプ	75	○			○		○		○				★			○						
122	仰向けセルフ＆キャッチ	75	○					○						◎		○							
123	足あげキャッチ	75	○			○								◎									
124	お尻バランスV	76	○		○					○				★								○	
125	手押し車	76	○		△	○				○			○	◎	○							○	
126	新聞、丸めて開いて	76	○					○						◎		○							
127	新聞ボール遊び	76	○	○			○							◎		○							
128	新聞ズバッ！	76	○					○						◎		○							
129	ちぎってポーズ	76	○					○		○				◎		○							
130	山のぼり	77	○	△	△	△	△	△		○	○			★					○	○			
131	ジャンピングターン	77	○		○	○		○						◎									
132	一番もてるのだ～れ？	77	○						○			○		◎									
133	足ぽんジャンプ	78	○			○					○			○	○								
134	一人知恵の輪	78	○							○				○	★								

★ 絵つき　◎ 解説　○ 関連大　△ 関連やや大

出順	あそび名	解説P	1 身体	2 空間	3 バランス	4 リズム	5 反・変	6 連結	7 用具	8 意・思	一人	少人数	みんな	親子	室内	道具無	身近	体育 走	体育 投	体育 マット	体育 跳箱	体育 鉄棒	体育 水泳
135	もしもしカメよ	78	○			○	○				○	○		○	○	◎							
136	押しくらまんじゅう	79	○		○		○						○			◎							
137	ずっころばし反応ゲーム	79	○				○					○			○	◎							
138	いろオニ	79	○	○			○						○			◎		○					
139	高オニ	79	○	○	○		○						○			◎							
140	ラダーステップ	79	○	○		○	○						○			★		○					
141	オオカミとウサギ	80	○	○			○						○			◎							
142	新聞乗りジャンケン	81	○		○						○		○	○		◎							
143	新聞ランナー	81	○					○	○					○		★		○					
144	新聞輪投げ	81	○	○					○		○			○		◎							
145	新聞お盆	81	○		○				○		○			○		◎							
146	新聞協力ジャンプ	82	○		○	○							○			★							
147	タオルハサミ引き	82	○		○		○					○		○		★							
148	タオルでチャンバラ鬼ごっこ	82	○	○			○	○				○				★							
149	空き缶キャッチボール	83	○	○				○			○			○		◎			○				
150	空き缶乗せバランス運び	83	○		○						○			○		◎							
151	鬼さんこちら	83	○	○							○			○		◎							
152	お尻歩き	84	○		○						○		○	○	○			★					
153	背中歩き	84	○		○						○		○	○	○			★	○				
154	ひざキック	84	○		○						○			○				◎				○	
155	うしろ紙飛ばし	84	○		○						○			○		○		★				○	
156	つま先グルグル	85	○		○	○					○			○		○		★					
157	お腹ボールキック	85	○		○	○					○			○				★					
158	大股カニさん歩き	85	○		○		○				○			○				◎	○				
159	メンコ	86	○				○	○			○			○				◎					
160	フリスビー	86	○	○			○				○		○					◎					
161	クォーターバックスロー	86	○				○				○			○				◎					
162	ロングスロー	86	○				○	○			○			○				◎					
163	ゆりかごゆらゆら	87	○		○						○			○	○					◎		○	
164	背面倒立	87	○		○						○			○						◎		○	
165	お芋転がり	87	○		○						○			○						◎			
166	台跳び越し	87	○		○		○				○			○						★	○		
167	馬跳び乗り	88	○			○	○	○						○							◎		
168	跳び箱またぎ歩き	88	○								○			○							◎		
169	割りばしパン	88	○				○				○			○							◎		
170	跳んでくぐって	88	○			○	○				○			○							◎		
171	腕ジャンプ	88	○				○	○			○			○							◎		
172	腕やじろべえ	88	○								○			○							★	○	
173	つばめ	89	○		○						○			○								★	
174	鉄棒クレーン遊び	89	○		○				○		○			○								★	
175	オーバーヘッドキック	89	○				○				○			○								★	
176	ワニさんあるき	90	○		○						○			○							○		◎
177	ラッコ浮き	90	○		○						○			○									◎
178	水中サーファー	90	○		○		○		○		○			○									★

95

プロフィール

■監修

小林 寛道

専門はスポーツ科学、スポーツ健康科学。東大大学院修了。教育学博士。名古屋大学（70～86年助教授）、東大教養学部・大学院総合文化研究科（86～06年教授）、大学院新領域創成科学研究科（05～14年特任教授）。日大国際関係学部（07～13年特任教授）、静岡産業大（2008年客員教授～現在）。日本発育発達学会会長。NPO法人東大スポーツ健康マネジメント研究会理事長。NPO法人高所トレーニング環境システム研究会理事長

■著者

小栗 和雄

専門は運動生理学、発育発達学。岐阜大学大学院医学研究科修了。医学博士。静岡産業大学経営学部（04年4月～13年3月、准教授）、岐阜聖徳学園大学 教育学部（13年4月～現在、准教授）。日本発育発達学会（会員）、日本教育医学会（評議員）

山田 悟史

専門はスポーツバイオメカニクス、スポーツコーチング。中京大学大学院修了。体育学修士。元水泳コーチ。静岡産業大学専任講師（2011年4月～現在）。磐田市子ども・子育て会議会長。NPO法人スポーツソリューション代表。SSUスポーツアカデミーキッズスポーツスクールで学生指導にあたる。

山本 新吾郎

専門は体操競技。日本大学文理学部体育学科卒。静岡産業大学体操部監督（09年4月～現在）。静岡産業大学非常勤講師（06年4月～現在）。河合楽器体操部選手引退後、カワイ体育教室社員講師として10年間、子どもの指導に携わる。

イラスト／さげさか のりこ
デザイン／たきた 杉恵

運動が体と心の働きを高めるスポーツ保育ガイドブック
～ 文部科学省幼児期運動指針に沿って ～

平成26年3月20日 初版発行

編 者　静岡産業大学
発 行　静岡新聞社
〒422-8033 静岡市駿河区登呂3-1-1
印刷・製本 図書印刷
ISBN978-4-7838-2244-8 C0075
©Shizuoka Sangyo University 2014 Printed Japan
定価はカバーに表示してあります
乱丁・落丁本はお取り替えします